edition taberna kritika

Roland Reichen
Sundergrund

http://www.etkbooks.com/

Gestaltung: etkbooks, Bern
Coverzeichnung: Roland Reichen
Druck: Bookstation GmbH, Anzing

Bibliografische Information der Deutschen Nationalbibliothek: Die Deutsche Nationalbibliothek verzeichnet diese Publikation in der Deutschen Nationalbibliografie; detaillierte bibliografische Daten sind im Internet über http://dnb.d-nb.de abrufbar.

ISBN: 978-3-905846-28-7

Roland Reichen

Sundergrund

edition taberna kritika

Inhalt

Der Käfer

Es sei halt auch eine blöde Situation gewesen damals, sagt der Fieder: Das Zeug schon in der Pumpi[1], die Pumpi schon im Fuss, und oben in der Pumpi, da schwamm auch schon das kleine, rote Blutfädeli; er hatte die Vene also endlich erwischt. Warum musste die Spritze da auch ausgerechnet in dem Moment verstopfen? Sicher, er hätte schon an die Hodleren[2] seckeln[3] können, um für eine frische Spritze zu lugen[4]. Aber daran, da denkst du halt auch nicht, in einem settigen[5] Moment. Und schon gar nicht, wenn es in einem Joghurtbecherli vor dir noch sechs andere Nadeln hat. Nur an einer war ja der Käfer. Es war dann halt einfach Pech.

---

[1] Spritze

[2] Anlaufstelle für Drogensüchtige mit Injektionsraum an der Hodlerstrasse in Bern

[3] laufen

[4] schauen

[5] solchen

Das Hüsli[6] aus Fleisch

Wenn es nach dem Fieder gegangen wär, dann wäre der Fieder wohl gar nicht erst auf die Welt gekommen. Die längste Zeit wollte er in der Gebärmutter von seinem Mami, dem Hedi, überhaupt nicht recht Form annehmen, und wo er dann doch endlich so halbwegs ein Köpfi und ein Rümpfi ausgebildet hatte, da liess er es damit dann auch schon bewenden. Tagein, tagaus dümpelte er einfach nur träge bis reglos in seiner Fruchtwasserblase vor sich her, sah immer etwa gleich kaulquappenartig aus und dachte noch nach acht Mönet[7] nicht im Traum daran, sich öppen[8] langsam Richtung Muttermund zu drehen. Der warmweiche Mutterbauch vom Hedi, die rötlich schimmernde Bauchhöhle, das war dem Fieder anscheinend schon vollauf Welt genug.

Allein, es ging natürlich nicht nach dem Fieder, sondern nach dem Dokter Ueli Maurer vom Frauenspital. Der sprützte[9] dem unansehnlichen Zellenhaufen drei Wochen lang einen gröberen Wachstumsbeschleuniger und rückte dem Hedi dann mit dem so genannten Kindlisauger zu Leibe, einer Art Blechkanister mit grossem Gumminoppen vorn: Noppen aufs Geschlecht, das Zeug eingeschaltet, es dröhnt und

---

[6] Häuschen

[7] Monaten

[8] etwa

[9] spritzte

schlürft, es saugt und rappelt, aber irgendwie landet der Fieder dann doch nicht im Kanister. Das Hedi, das meinte ja, der Fieder, der habe sich eben stark gewehrt gegen den Kindlisauger; es sei ihm vorgekommen, als würden sich zwei Patschlihändli[10] und -füssli gegen den Sog vom Sauger in seine Eierstöcke stemmen.

Auf seine Frage, ob es vielleicht doch noch zu früh sei für die Geburt, antwortete der Dokter Maurer allerdings nur papperlapapp. Er schriss[11] das munzige[12], noch etwas klumpenförmige Mönschli[13] dann mit der guten alten Geburtszange aus dem mütterlichen Schoss, und wie es so der Brauch ist, da gab er ihm als Erstes natürlich sofort erst einmal einen mordsmässigen Klapf[14] auf das Füdeln[15]. Das Mönschli, das schrie denn auch ganz jämmerlich, wenn auch so mit einem komisch pfeifenden Unterton – seine Lungen waren eben irgendwie mehr noch Kiemen.

Und mit Kläpfen, wo der Fieder einstecken musste, und mit komisch pfeifenden Schreien, wo er wegen dem ausstiess, da ging dem Fieder sein Weltenleben denn auch gleich munter weiter. Weil das Hedi, das brachte ihn vom Spital jetzt heim an den Fuss vom Schreckhorn, in den so genannten Grund oder

---

[10] kleine, noch ungeschickte Kinderhände

[11] riss

[12] winzige

[13] Menschlein

[14] Schlag, eigentlich Ohrfeige

[15] Hintern

Sundergrund mitten in der Kirrelschlucht. Und dort, in dem kleinen Krutzlihüttli[16] auf dem morastigen Schwemmboden, wo man eben Grund oder Sundergrund dazu sagte, dort fiel er natürlich unweigerlich sogleich dem Schlufi[17] in die Händ. Dem Schlufi, wo sein Papi war. Dem Schlufi, wo aber auch und vor allem ein grober Holzknecht war mit groben Holzerknoden[18]. Und so grob und ungeschlacht, wie der Schlufi mit diesen dreckigen, verfurchten und verplaaterten[19] Knoden im Wald etwa die Motorsagi[20] oder ein Bieli[21] packte, um einen fauligen Ast abzutun, so ruuch[22] und ungehobelt nahm er sich dann halt auch seinen Stammhalter zur Brust. Besonders gern kehrte er den Holzhacker füren[23], wenn das Hedi öppen grad nicht rum war und ihm das grundlose Mööggen[24] und Päággen[25] ständig von dem kleinen Sabberiwicht nach dem täglichen Saukrampf[26] im Holz auch noch den Firaben[27] vergällte. Da brüllte der Schlufi dann selber wie ein angeschossener Hornochs, dass es von den

---

[16] mickriges, schlecht gebautes Haus

[17] unbeholfener, einfältiger Kerl

[18] Holzerfingern

[19] schwieligen

[20] Motorsäge

[21] Axt

[22] rau

[23] hervor

[24] Schreien

[25] Brüllen

[26] Schwerstarbeit

[27] Feierabend

Wänden von der Kirrelschlucht nur so widerhallte, wenn er noch und noch rothirnwütig auf das wehrlose Würmli in der Wiege einschlug, ja eindreschflegelte, dass er sich seine Knoden, wo ihm ja schon von der Holzerei weh taten, gleich auch fast noch brach.

Am besten, da hätte sich das Hedi halt gar nicht erst von dem Holzerschlufi schwängern lassen. Weil so ein struber[28], speckgrindiger[29] Mannsbildsfetzen[30] der auch vom Äusseren her war, in seinem Innern drin, da war ja eigentlich doch nur ein hoffnungslos zurückgebliebener Huschel[31] versteckt, wo zeitlebens noch nicht einmal mit dem eigeten[32] Geworfensein in die Welt auch nur im Entferntesten zu Schlag kam[33]. Wie sollte er da erst mit der Niederkunft vom Fieder zu Schlag kommen? Mit Sechsi[34], da war der Schlufi eben einmal kopfsvoran aus dem Oberstock auf die Granitsteinplatten vor dem Krutzlihüttli gekracht, und seither, da kam er im Grund genommen mit überhaupt nichts mehr zu Schlag, ausser vielleicht mit faul Herumplütteren[35] und Fressen. Das war praktisch das einzige, was ihm der Granit nicht ganz und gar aus dem Speckgrind ausgetrieben hatte: der Drang zum faul Herumplütteren und Fressen. Und auf den Fieder, da war er dann

---

[28] wilder, übler

[29] speckschädliger

[30] Mannsbildskerl

[31] verkümmerter Mensch

[32] eigenen

[33] zurechtkam

[34] sechs Jahren

[35] Herumliegen (wie dicker Brei)

halt schon von allem Anfang an ziemlich eifersüchtig, weil der, der konnte ja den ganzen Tag nur herumplütteren und fressen, und ihn, ihn schickte das Hedi dann aber allpott[36] ins Holz.

Das dünkte den Schlufi schwer ungerecht, und heute Mittag, da zerplatzt er innerlich schon wieder einmal schiergar[37] vor Eifersucht auf den arbeitsfaulen Knilch. Wie ein zu gross geratener Krott[38] türmt er sich bösartig aufgeschwollen über die Tischplatte, aus seinen Augen tropft Gift auf das Bebeli[39], wo sich auf dem Schoss vom Hedi ein Breili füttern lässt, und seine Knoden, die zucken bereits so ganz krampfig, weil sie dem ewigen Gränni[40] am liebsten einfach grundlos, allein nur, weil es ihn gibt, schon zwei, drei wohlverdiente Flätze[41] zum Grind[42] salbaderen[43] möchten. Kein Vorwand ist ihm jetzt zu blöd, den kleinen Stünggel[44] anzuschnauzen, nicht einmal die Essgewohnheiten von einem Neugeborenen. Immer nur Breili fressen, Breili fressen, immer diese Extrawurst mit dem Breilifressen, das muss jetzt einfach aufhören, diese Saumode, möögget er. Und dann, dann tut er ausführen, dass zum Beispiel der Schlufi, der würde ja auch am liebsten

---

[36] ständig

[37] fast

[38] Kröte

[39] Säugling

[40] Heulsuse

[41] Ohrfeigen

[42] Kopf, Schädel

[43] hier: schlagen

[44] kleines Kind

einfach nur Gottlett[45] fressen jeden Tag, aber der Schlufi, der musste dann eben auch lehren[46], dass man das nicht kann; dass man fressen muss, was auf den Tisch kommt. Und das, das muss in Gottsnamen jetzt auch der Fieder endlich lehren, dass man frisst, was auf den Tisch kommt, auch wenn es ein schlechtes Hudelfressen[47] ist wie Kutteln, und die Härdöpfel[48] dazu wieder einmal sagenhaft verplodert[49].

Aber das Hedi, das nimmt den Schlufi ja gar nicht ernst mit seinem Gemoffel[50]. Keine Zähne. Das Fiederli, das hat ja noch gar keine Zähne, lacht es nur. Und dann tut es das kleine Männdi[51] auch gleich noch auflüpfen[52] und gibt ihm ein Müntschi[53] auf das breiverschmierte Müüli[54], weil es so verängstigt schaut, dass der grosse Krott da so gruusig[55] möögget.

Keine Zähne, grummelt der Schlufi. Das Grosi[56], wo mit ihnen am Tisch hockt, das hat emel[57] auch keine Zähne, und trotzdem frisst das die Kutteln. Aber das

---

[45] Kotelett

[46] hier: lernen

[47] Saufrass

[48] Kartoffeln

[49] verkocht

[50] Stänkerei

[51] Männchen

[52] hochheben

[53] Kuss

[54] Mäulchen

[55] eklig, schrecklich

[56] Grossmutter

[57] jedenfalls

Hedi, das ist nach dem Dafürhalten vom Schlufi ja sowieso einfach durchgängig viel zu weich mit dem schnäderfräsigen[58] Herrn Sohn, wo angeblich nicht sein kann ohne sein Breili. Immer tut es den nur viel zu viel verhätscheln und viel zu viel verzärteln, und er, der Schlufi, er kommt dann aber viel zu kurz. Und was päägget denn der jetzt schon wieder, der Balg? Der hat da gar nichts zu pääggen. Ich will dem dann öppen fürs Pääggen. Jeden Morgen da mit dem Schrottmisttöffli[59] die Kirrelschlucht hinan. Zur Budä[60], zu Männdus[61] Holz- und Jägerbudä. Und dann zwischen den Stämmen, und überall Dreck, und dann das Knorzen mit der Sagi, und nichts als Harz und Sagmehl[62], und au, jetzt auch noch eine Spriisse[63]! – Das ist dann vielleicht zum Pääggen. Das ist dann vielleicht zum Hüülen[64]. Aber emel sicher nicht so ein Flohnerleben[65], wie es der Fieder auch noch auf Kosten vom Schlufi führt!

Der Schlufi, der tut dann auch wirklich fast pääggen, wo er kurz darauf wieder auf sein Töffli hocken[66] muss. Nicht wegen dem Töffli, er ist es schon gewohnt, dass sich die alterskranke Schwarte alle paar hundert Meter

[58] beim Essen wählerischen
[59] Schrottmistmofa
[60] Bude, Geschäft
[61] umgangssprachlich für »Hermann«
[62] Sägemehl
[63] Holzsplitter
[64] Heulen
[65] Faulenzerleben
[66] sitzen

so aufbäumt, und dann knallt es im Vergaser, und eine dicke, schwarze Russwolke hüllt den Schlufi mitsamt der Schwarte ein. Nein, das Pääggen, das kommt dem Schlufi vielmehr, weil er, besonders in den Russwolken, schon so an den Männdu denken muss, diesen wandelnden Bierfurz da aus dem Oberösterreichischen. Gopf[67], warum muss auch ausgerechnet dem die Budä gehören? Praktisch alles am Männdu ist dem Schlufi abgrundtief verhasst, nicht nur die Bierfürze, auch der blöde Tirolerhut und das Schnuren[68] sowieso; der Männdu, der verschranzt[69] ja alles immer so hinten im Gurgel, wie wenn er überhaupt keine Nasenlöcher hätte, vielleicht schmöckt[70] er deshalb die eigenen Fürze nicht. Und immer ist er auch so gut gelaunt in der Budä, und im ganzen Kirreltal ist er beliebt, trotz den Fürzen, weil er immer so die Festhütte macht und immer grad »a Liedl« auf den Lippen hat, wie er das nennt. Ha, Kunststück! Dem Schlufi, dem würde es auch lieden, wenn er einen wie den Schlufi hätte, einen Muskelmuni[71], wo ihm für eine Frechheit von einem Lohn die ganze Drecksbüez[72] macht im Holz, und für sich, da nähme er sich dann nur den Herrensport von der Jagd heraus, das heisst, er hockete dann meist einfach bis zum Eindunkeln im Horboden in der Beiz[73].

---

[67] Fluchwort

[68] Reden

[69] zerreisst

[70] riecht, schmeckt

[71] Muskelstier

[72] Drecksarbeit

[73] Kneipe

Prompt jodelt dem Schlufi dann auch schon wieder »a Liedl« entgegen, wo er, wie ein Kemifeger[74], vor der Budä angeknattert kommt. »Des Fahrn mit die Schi ist des Schönste für mi!«, tönt[75] es aus dem Garasch. Erst glaubt der Schlufi schon, wenigstens heute gebe es keine Drecksbüez für ihn, weil er soll dann gar nicht ins Holz; der Männdu, der schickt ihn mit einer Sprützpistole ins Garasch, zum den Mazda frisch grün Sprützen. Das macht der Schlufi gar nicht ungern. Durchs Fenster vom Garasch winkt er sogar dem Männdu hinterher, wo der die Schrotflinte schultert und kurz so tut, als nehme er das Wanderwegli zum Schreckhorn hinauf – dann aber schon hinter der ersten Föhre wieder abzweigt Richtung Horboden. Etwa in dem Moment merkt der Schlufi dann allerdings auch, dass das Sprützen in einem geschlossenen Garasch doch eine saumässigere Saubüez ist, als er zunächst gedacht hat: Von dem grünen Nebel, wo das Garasch eins, zwei füllt, da wird ihm ganz schnell sturm[76] und schlecht, und wie er sich schnützt[77], da sind sogar die Nasenpöggel[78] grün.

Der Schlufi, der tut jetzt nicht mehr fast nur päággen, wo er an die Frischluft torkelt. Er ist schwarz-grün gesprenkelt im Gesicht, etwa wie eine Militärplane,

---

[74] Schornsteinfeger

[75] klingt

[76] schwindlig

[77] schnäuzt

[78] Popel

und während er grünen Koder[79] spuckt, röchelt er auch ganz viele so militärische Wörter vor sich hin, wo er mit dem Männdu anstellen will. Und am besten ja nicht nur mit dem Männdu, sondern auch gleich noch mit dem Söhnchen! Der Knilch, eigentlich tut er sich ja nur für den so abplagen in der Budä. Eigentlich, dünkt es ihn, ist es ja nur dem seine Schuld, dass er da immer so den Knecht und Bückling machen muss vor dem Männdu, dem fremdenfötzlichen[80] Süffel[81]. Er spuckt aus. Aber bei Goscht[82], noch heute Abend, wenn das Hedi zum Pfaff Würgler geht, da wird dem Tonner noch jeder einzelne grüne Schleimbatzen leid tun, wo der Schlufi jetzt aus sich herauswürgt.

Ist es da ein Wunder, dass das Fiederli immer grännet[83], wenn das Mami mal nicht rum ist? Ist es da ein Wunder, dass der Stünggel, kaum kann er schnaaggen[84], immer nur dem Hedi unter die Röcke drunterschnaagget, selbst wenn das einmal Hosen trägt? Der Schlufi, der nützt eben manchmal schon kurze Abwesenheiten vom Hedi aus. Da muss das Hedi nur schnell zum Briefkasten, und wenn es zurückkommt, hat der Knirps schon eine frische blaue Mose[85]. Auf Jahre hinaus, da wird das kleine Mönschli jetzt von Leuten, wo

---

[79] Schleim

[80] fremden, lumpigen

[81] Säufer

[82] Verstärkungspartikel

[83] weint, heult

[84] auf allen Vieren kriechen

[85] blauer Fleck

es nicht kennt, und besonders von solchen, wo irgendwie krottartig aussehen, grundsätzlich nur Übles erwarten. Oft zittert es auch schon in dieser Erwartung, oder es ist nervös verkrampft. Das sind natürlich nicht gerade gute Voraussetzungen, um später dann, ohne das Mami, überhaupt noch ein bisschen Wärmi und Liebi zu finden. Aber gute Voraussetzungen, das ist ja eh ein Fremdwort in unserem Krutzlihüttli im Grund. Mit guten Voraussetzungen, da war hier ja noch keiner je verwandt. Schon gar nicht das Grosi beziehungsweise das Stiefgrosi, wo wir uns im nächsten Kapitel verzählerisch[86] über es beugen wollen.

Immerhin, für dem Fieder sein Bestreben, das Mami ständig um sich zu haben, da erweist es sich dann, so blöd das auch tönt, sogar als Vorteil, dass er bei der Geburt noch nicht geburtsreif war. He ja, wegen seinen Pfeiflungen, da muss er allpott so ein Pulver aus einem Saugapparäti saugen, damit er einigermassen zu Atem kommt, und wenn er dann einen Erstickungsanfall hat, da lässt das Hedi sofort alles stehen und liegen. Bald erlickt[87] der Fieder auch, dass er eigentlich nur ein bisschen Luft in den falschen Hals schlucken muss, und da kommt das Hedi schon angesprungen, weil er dann so aus der Nase fiept. Per Eilpost landet er jetzt im Bettli, und das schöne rote Lämpi[88] geht an, und dann tut ihm das Hedi von dem kleinen Maulwurf vorlesen und gleichzeitig vorflöteln, und auch das

[86] erzählerisch

[87] merkt

[88] Lämpchen

elektrische Öfeli[89] holt es heran, das Öfeli, wo so sürelet[90], so beruhigend. Wenigstens für Stunden, da hat er jetzt wie Schonzeit. Wenigstens für Stunden, da lebt er nicht nur in der Angst, der Schlufi stehe plötzlich am Bett, um ihm raschhusch einen zu panieren[91].

[89] kleiner Ofen

[90] surrt

[91] hier: eine Ohrfeige verpassen

Vom Talnern[92] / Der weisse Pflaatsch[93]

Das Grosi ist noch ein halbes Kind, aber schon wie im Alter ein steckendünner Haken. Zum Erklüpfen[94] sieht es aus, wie es da so in der grossen Kuchi[95] steht, ein Besenstiel in einem dreckigen Schurz[96], der Kopf verschrumpelt und eingefallen wie ein schlampiger[97] Blumköhli[98]. Die Püürin[99], wo dem Grosi gegenübersteht, eine feisse[100] Piesse[101], wo beinah aus ihrer Trachtenbluse quillt, die zeigt allerdings kein Erbarmen. Sie wirft dem Grosi vielmehr gerade an den Blumköhli, dass es ihr ja schon bei der Geburt nichts als Ärger gemacht habe. »Weil ihm ein Uneheliches aus dem Bauch schlüüft[102], da meint das Marie, es müsse nicht kochen für die Diensten am Abend! Wegen einem Unehelichen, da habe ja dann ich, die Meistere[103], dann für den Griessbrei lugen müssen, damals vor vierzehn Jahren!«

---

92 Taglöhnern
93 grosser Fleck
94 Erschrecken
95 Küche
96 Schürze
97 welker
98 Blumenkohl
99 Bäuerin
100 fette
101 grosse, dicke, derbe Frau
102 schlüpft
103 Meistersfrau

Der Grund für die Verrückti[104] von der Püürin steht auf dem schweren Holztisch zwischen dem Grosi und der Püürin: ein Ofenblech voll frischgebackener, noch dampfender Nidelküchli[105]. Nicht dass das Grosi etwa davon geschnaust[106] hätte, nein. Es hat ihns zwar schon gelustet[107], und der Schmutz[108] von so einem Küchli, der täte ihm ja auch weiss Gott gut auf seinen mageren Rippi. Aber nein, das Grosi, das hat einfach nur ja gesagt, wo ihns eins von den Knechtli, das Hänsi, beim Brunnen draussen gefragt hat, ob es etwa mit der Meistere am Kücheln sei. Und warum hätte es da denn auch nein sagen sollen, das Grosi? Man schmöckt es doch sowieso schon durch die ganze Purenhütte[109].

Aber die Püürin, die hat einen Stierengrind[110], sie gibt jetzt einfach dem Grosi die Schuld, dass die Diensten jetzt natürlich auch jeder ein Nidelküchli will und sie nicht alles ihrem mehrbesseren Tochtermann schicken kann, in das Welsche hinüber. Einen Lätsch[111] wie sieben Tag Regenwetter schreisst[112] sie, wo dann der zerlumpte Haufen jeder sein Küchli holt, knochige, von der Sonne wie ausgedörrte Gestalten, die Hu-

---

[104] Zorn

[105] Sahneküchlein

[106] genascht

[107] Ihr lief das Wasser im Mund zusammen

[108] Fett

[109] Bauernhaus

[110] Ochsenkopf

[111] saure Miene

[112] reisst

deln[113] mistverschmiert und über und über geflickt, die da hat kaum mehr Zähne, der da einen Eiterfinger. Dafür, da wird das Grosi noch büssen, wart nur. Vorderhand schickt es die Püürin erst einmal in den Saustall; zur Strafe soll es jetzt noch bei den Gusen[114] putzen.

Was will das Grosi da? Es tut, wie seine Mueter, das Marie, talnern, und da muss es ja froh sein, dass es überhaupt ein Puur[115] nimmt, ein Puur wie der Muttenhubelpuur, bei dem es für das Fressen tagsüber und im Herbst ein Paar holzgeschnitzte Schuh von früh bis spät streng schuften darf. Da packt es dann halt den Mistzinken. Obwohl ihm die Achseln schon von der Feldarbeit bös in den Gelenken krachen. Erst auf die Zähni[116] wird es fertig. Und am Vieri[117], da muss es dann schon wieder auf. Wie auf abgestorbenen Ästen stolpert es auf seinen steifen Scheichlein[118] jetzt der Talnerhütte entgegen, dem ehemaligen Backofen vom Hof, wo etwas abseits von der Hofstatt langsam verfällt. Ein einziger, niederer Raum, wo von der Techi[119] die Tünche bröselt, der Boden festgestampfter Dreck, auf der einen, russgeschwärzten Seite der Steinofen mit

---

[113] Kleider, Lumpen

[114] Schweinen

[115] Bauer

[116] gegen zehn Uhr

[117] um vier Uhr

[118] Beinchen

[119] Decke

dem Kemi[120], auf der anderen das Schlafstroh. Die Mueter schläft schon, die meisten von den sechs Geschwüschterti[121] auch. Nur zwei liegen heut Nacht noch wach. Der Hunger. Denen gibt man dann öppen einen Stein zum Schlecken.

Schon vom nächsten Morgen an, da muss dann allerdings auch das Grosi langsam Steine schlecken. Die Püürin, die macht ihm jetzt eine böse Zeit; von Höiet[122] bis Emd tubelt[123] sie unverändert von wegen der Sache mit den Küchli und gibt das dem Grosi mit Vorliebi beim Schöpfen zu spüren: Kaum ein Maulvoll wässerigen Griessbreis klatscht sie ihm am Sechsi[124] Zmorgen[125], am Elfi[126] Zmittag[127] und am Fünfi[128] Znacht[129] noch in den Napf. Da ist natürlich kein Sattwerden davon. Da muss man dann öppendie[130] noch von den Krooseln[131] fressen vom Busch, auch wenn die einem den Dünnscheisser machen. Meist hat der Magen dem Grosi gar nie ganz aufgehört zu knurren, wenn es die

---

[120] Kamin

[121] Geschwistern

[122] Heuernte

[123] zürnt

[124] um sechs Uhr

[125] (zum) Frühstück

[126] um elf Uhr

[127] (zum) Mittagessen

[128] um fünf Uhr

[129] (zum) Abendessen

[130] ab und an

[131] Stachelbeeren

Sägesse[132] auf die Zwölfi[133] wieder in weit ausholenden Bögen durch das fette Gras zu schwingen hat, das Gewoge der Halme, wo sich vor ihm scheinbar endlos die Klüfte und Schründe vom Schreckhorn hochzieht, bis in den krankgelben, gleissenden Himmel. Die Sonne brätschet[134] dem Grosi in den Äcken[135]. Der Schweiss rinnt ihm in Bächlein von Kini[136] und Stirn. Mehrmals knickt es ein, auf seinen Stecken von Beinchen, und für Momente, da sieht es dann nur noch weiss, weisse Flecken, weiss wie die Schafwulltechi[137] von der Mueter.

Aber obwohl das Grosi regelmässig fast zusammenbricht vor lauter Hunger, Müüdi[138] und Erschöpfung, es mähit[139] doch noch immer um einen Haufen Mahdli[140] schneller als der Kleinjenni, das gruusig verhutzelte Hungerpuurli, wo an dem stotzigen[141] Port[142] unter der Nordwand vom Schreckhorn neben ihm talnern tut. Am Abend, da lacht jeweils der ganze Hof, sogar die Kühe und Küngel[143] lachen da, wenn der

---

[132] Sense

[133] gegen zwölf Uhr

[134] schlägt

[135] Nacken

[136] Kinn

[137] Schafwolldecke

[138] Müdigkeit

[139] mäht

[140] Aufschichtungen gemähten Grases

[141] steilen

[142] Abhang

[143] Kaninchen

Kleinjenni sein mickriges Fueder[144] im Höisack auf dem kahlen Kopf ins Tenn[145] einbringt – und das Grosi, daneben, das ist ein wandelnder Höischochen[146]. Und zunächst, da glaubt das Grosi sogar, das sei ein gutes Zeichen, das Lachen. Weil zumal ihm der Muttenhubelpuur dann auch noch höchstpersönlich auf die Achsel schlägt, die quietischige, nachdem es von unter seinem Schochen wieder fürengekommen ist. »Brav, Meite[147]«, sagt er, »flott tust du Grasmutte[148] um Grasmutte köpfen.« Und da kommen dem Grosi fast schon so Hoffnungen. Es schielet[149] hinüber zu den Gartenzaunlatten, wo dahinter der Meertrübel[150] schön dick hanget[151].

Freilich, wo es dann die Hand nach dem Trübel[152] durch die Latten streckt, da haut ihm die Püürin sofort hart auf die Knoden. Und nur allzubald, da bekommt es zwar schon noch einen suuren[153] Trübel auf dem Hof, aber halt einen ganz andern, als wo es gedacht hat, nämlich den Kleinjenni. Potz Tonner und das Ross[154], mit dem ist jetzt nicht gut Kirschi essen. Bezie-

---

144 Ladung
145 Scheune
146 Heuhaufen
147 Mädchen
148 Bodenstück um die Graswurzel
149 schielt
150 Johannisbeere
151 hängt
152 Beere, Traube
153 sauren
154 Kraftausdruck

hungsweise es wäre noch nicht einmal dann gut mit ihm Kirschi essen, wenn er oder das Grosi denn überhaupt an Kirschi herankämen. Wohl, dem Hungerhaken, dem wird er es schon noch reisen[155], ihn da so vor der versammelten Hofstatt zum Gespött zu machen, krooset[156] es in seinem inneren Gemütsbalken. Der Kleinjenni, der hat halt einfach schon ganz grundsätzlich einen ekligen[157] Saulaun[158]. Dem verjagt es ja schon fast die Herzkiste, dass er überhaupt gezwungen ist, da auf dem Muttenhubel zu talnern, weil er selber nur so einen mickrigen Pflanzblätz[159] hat, änen[160] auf der schattigen Talseite – und dann verhagelt es ihm den auch noch, und der Husten wirft ihm die Seine ins Bett. Zuallerletzt lässt er sich da von einem dürren Mädi[161] auf der Nase herumtanzen! Und so kommt es dann halt, wie es eigentlich immer kommt, wenn die rotglühige Täubi[162] auf das Talnern einem Talnerknecht im Kirreltal den Grind vernagelt: dass dann das Frau und Kind auszubaden haben oder in unserem Fall eben das Grosi, wo ja beides in einem ist.

Fast noch strüber[163] als die Püürin tut der Kleinjenni dem Grosi jetzt zu Leid werchen[164], wo er nur kann.

---

[155] bewerkstelligen, hier: heimzahlen

[156] knirscht

[157] unausstehlichen

[158] schlechte Laune

[159] kleines Ackerstück, Gemüsegarten

[160] drüben

[161] Mädchen

[162] Wut, Zorn

[163] übler

Das Kalb, das ist sich etwa nicht zu schad, am Morgen schon auf die halbi Vieri[165] herüberzutrappen[166] von der äneren[167] Talseite, von der Wandfluh, nur um für dem Grosi Näggi[168] in die Sägesse zu dengeln, dass die dann ganz unhauig[169] wird. Oder am Zmittag, da mugget[170] er ihm den Tschäppel[171] – und da schlampet[172] dem Grosi sein Gesichtsköhli am Abend dann nicht nur, sondern ist auch noch feuerteufelrot. Aber noch nicht einmal das sowieso schon magere Znacht kann es jetzt in Ruhe in sich stopfen: Der Kleinjenni, der hat ihm im Verschleikten[173] Muggen[174], Flöigen[175] und Maden in den Napf gestreut – potz Heiligenbeck[176], da muss das Grosi dann schön spöien[177], wo ihm der Griessbrei im Maul noch auf der Zunge herumkrabbelt!

---

[164] arbeiten

[165] gegen halb vier Uhr

[166] herüberzuschreiten

[167] anderen

[168] Dellen

[169] unscharf

[170] stiehlt

[171] Hut

[172] welkt

[173] heimlich

[174] Mücken

[175] Fliegen

[176] Kraftausdruck

[177] speien

Wo es herbstet, hat das Grosi dann sogar einmal Nadeln im Kafitassli[178]. Da redet ihm auch die Mueter zu, seines Bleibens auf dem Muttenhubel könne nicht mehr länger sein. »Arm Kind«, sagt sie, »du musst vom Hubel[179] aben[180]. Wenn du mir nicht anders verräbelst[181], fällst du ja sonst noch vollends vom Fleisch.« Oh weh, da ist es dann ein trauriges Prieggen[182] zum Herzzerreissen, wie sich das Grosi auf Martini von der Mueter und den Geschwüschterti verabschieden muss. Nur ganz langsam stapft es an diesem schon bitterkalten Tag den Karrweg ab[183] in die grauweisse Öde, eine alte Techi um sich geschlungen, am Arm ein schäbiges, zerschlissenes Weidenkörbli. Die Matten kahl. Überfroren vom Harsch. Der letzte Blick zurück, unten hinter dem Dorf Schwenden, bevor es steil zwischen Schluchtwand und Krüppelfichten das Loch ab geht, sind die Eiszapfenbärte an den Kreuzen auf dem Friedhof – hinaus aus dem Kirreltal muss jetzt das Grosi, hinaus sogar bis über die grosse Stadt Thun; änet[184] der Aare, im Emmital, soll es das nächste Jahr nun talnern, genauer gesagt im Heimenschwand.

Dort findet das Grosi, nach Talnerlos, aber halt auch nicht das Glück, sondern eigentlich wieder nur einen

---

[178] Kaffeetasse

[179] Hügel, Erhebung

[180] hinunter

[181] eingehst, verreckst

[182] Weinen

[183] hinunter

[184] auf der anderen Seite

knurrenden Magen – wie später auch im Fankisgraben, in der Süderen oder am Buchholterberg. In der Süderen, gut, da meint es ja anfangs noch, wie es es jetzt doch auch einmal glücklich gepreicht[185] habe, weil wo es dort ankommt, noch immer mit seinem schäbigen Körbli, da tun sie neben dem Mistloch[186] gerade ein Gusi[187] metzgen, und da gibt es dann endlich einmal Fleisch, Fleisch, jeden Tag nur Fleisch, zum Zmorgen, zum Zmittag und zum Znacht. Natürlich nicht viel Fleisch und auch nicht vom guten, aber nach dem faden Mehlrost, wo das Grosi jetzt sechs Mönet lang im Fankisgraben hat fressen müssen, geröstetem Mehl mit kaum einem Klümpli Schmutz daran, da sind ihm schon die paar mageren Schnätz[188] Geräucktes[189] der reinste Sonntagsbraten.

Wobei, nach zwei Mönet nur Geräucktem, in letzter Zeit nicht selten mit weissen Mädli[190] drin, da hängt dann auch dem Grosi das Schwinige[191] gründlich zum Hals heraus. Der halbe Hof hat vom einseitigen Fressen mittlerweile das Umlaufi, wie man sagt, Eiter um die Fingernägel, was zum Beispiel das Dreschflegeln natürlich zu einem ganz besonders schmerzschreienden Saukrampf macht. Und dann ist es auch noch das

---

[185] getroffen

[186] Jauchegrube

[187] Schweinchen

[188] Stückchen

[189] Geräuchertes

[190] Maden

[191] Schweinefleisch

böse achzehner Jahr, wo das Flandrisch Fieber[192] selbst in die Süderen kriecht, und dem hat das Grosi, sowieso schon brandmager[193] und jetzt auch noch mit dem Umlaufi, halt nicht viel entgegenzusetzen. Die Krüter-Vrene[194], die rät ja, man solle dem Grosi Hundschmutz[195] einreiben – aber wo es dann von Kopf bis Fuss eingefettet ist, das schittere[196] Häufchen, da schüttelt es das Fieber erst recht. Es hustet auch etwas Blut. An einem Januarmorgen karrt man es dann halt auf einem Leiterwagen unter einer alten Techi Richtung Langnau. Ein durchdringender Gestank; der ganze Turnsaal ist schon voller Kranker, Sterbender; auf Schragen[197] und Feldbetten röchlen sie dicht an dicht.

Das Grosi, das bekommt kaum mehr mit, wie ihns zwei Pfleger, zwei Schnäuz[198] in grobwollenen Kitteln, lieblos auf einen Strohsack schleifen. Das Fieber, das wütet so in seinem Blumköhli, dass es bestenfalls noch so ein paar verschwommene Schemen wahrnimmt, hellere und dunkle, und dann vor allem weiss, weiss, einen grossen und immer grösser werdenden weissen Flecken, weissen Pflaatsch. Und eine Ruhe ist in dem Weiss. Weich und warm sieht es aus. Schafwullig. Und jetzt ist dem Grosi sogar, wie wenn ihns zwei Äuglein aus dem Weiss anlächeln würden, und ein schmaler

---

192 Spanische Grippe

193 spindeldürr

194 Kräuter-Verena

195 Hundeschmalz

196 kümmerliche

197 Behelfsgestellen, Operationstischen

198 Schnurrbärte

Lippenstrich öffnete sich, wo ihm zuflüsterte: »Komm!«

Just in dem Moment stürfelt[199] allerdings ein Pfleger über das Grosi, und da sieht es dann kurz alles ein bisschen weniger verschliert und ausgefranst: eine Bettenreihe. Strohsäck. Und, kaum einen halben Meter von ihm weg, tatsächlich ein Gesicht. Das Gesicht einer schönen jungen Frau. So weiss, wie das Grosi in seinem Leben noch nichts Weisses gesehen hat. Aus weit aufgerissenen Augen starrt die Frau das Grosi an, während sie rasselnd und keuchend um Atem ringt, ein paar blaue Pünktli um den Maulecken[200]. Und aber innert Minuten, da wachsen jetzt die Pünktli, wachsen zu grossen blauschwarzen Flecken und dann zusammen zu einem einzigen, fast violetten Pflaatsch, wobei das Keuchen von der Frau immer mehr zu einem erstickten, wässrigen Gurgeln wird, Blutgurgeln, Blutschaum würgt sie über die Lippen, bevor das Gurgeln ganz aufhört und nur noch der leere, tote Blick von einer Leiche auf dem Grosi klebt. Und da packt das Grosi ein Grauen, eine unnennbare Angst, wo ihm das Gesicht von der Toten wieder vor Augen verschlieren will, zu jenem warmweichen weissen Pflaatsch. Etwas springt im Grosi an. Etwas, wo ihns die nächsten zwei Wochen irgendwie durchseuchen lässt, obwohl sein Bluthusten zunächst noch stärker wird.

---

[199] stolpert

[200] Mundwinkel

Das Grosi braucht dann Krücken, wo es aus dem Turnsaal kommt. Da will man es, einen nutzlosen Fresser, natürlich nicht mehr in der Süderen. Eine Zeitlang kommt es bei der Mueter unter, in der Talnerhütte auf dem Muttenhubel. Die Mueter, die versucht, es etwas aufzupäppeln, mit etwas Griessbrei, ein paar Dörrpflaumen hie und da. Freilich, dauern kann das nicht, weil der Brei, wo die Mueter dem Grosi einlöffelt, der fehlt dann den Geschwüschterti. Kaum kann es wieder einigermassen ohne Krücken aufkrabbeln[201], das Grosi, da muss es darum dann auch schon wieder weg, in die Fremdi, mit seiner kaputten, pfeifenden Lunge, damit es halbwegs etwas zu beissen bekommt.

Die nächsten Jahre wechselt es jeden Martini den Dienst. Hier hat es ein Gekäär[202] mit der Köchi[203]. Da tut der Meister wüst[204]. Im Fahrnidörfli kann es sich kaum der Nachstellungen vom Melcher[205] erwehren. Der Löu[206]. Einmal, am Abend im Saustall, da sieht es, dass etwas ungelenk in den festgebackenen Mist gekratzt ist. Und wo es dann näher schaut und merkt, dass das wohl ein Herz sein soll, da gumpet[207] der Melcher füdelnblutt[208] zwischen den Sauen aus dem Sau-

[201] mühsam auf die Beine kommen

[202] Scherereien

[203] Köchin

[204] schlimm

[205] Melker

[206] Blödian

[207] springt

[208] nackt

fährich[209] – das Grosi mit einem Ggöiss[210] in den Wald, der Melcher, noch immer füdelnblutt, hinterher.

Erst im Sechsundvierzgi[211] kehrt das Grosi wieder auf den Muttenhubel zurück – oder jedenfalls auf das Friedhöfli unten in Schwenden. Die Geschwüschterti, die sind zur Hälfti auch schon tot und zur Hälfti in der Fremdi; einen schwarzen Stofffetzen um den Blumköhli, steht das Grosi ganz allein an dem feuchten Loch, wo dadrein jetzt die Mueter hinabgelassen wird, in einer roh gezimmerten Kiste. Nach dem Zuschütten steht es noch lange bei dem Herdhaufen[212]. Es grännet wie ein Schlosshund, dass die Mueter ganz allein hat sterben müssen, dass sie schon steif und kalt war, wo es endlich eintraf. Ander Leute kommen auf den Friedhof. Ein zerlumptes, glatzköpfiges Manndli[213], an seiner Kutte[214] hängen ihm zwei Stünggeln. Einer von den Stünggeln, der kommt zu dem kahlen Hubel neben dem von der Mueter. Legt ein Strohröseli hin. Und das Grosi weiss nicht, es ist ihm fast, als müsse es sich freuen, wo ihm das gäderige[215] Manndli einen langen, leeren Blick zuwirft – und es den Kleinjenni in ihm erkennt, den Peiniger seiner Jugend.

---

209 Schweinepferch

210 Schrei

211 im Jahr sechsundvierzig

212 Erdhügel

213 Männchen

214 Jacke

215 magere, sehnige

Plötzlich, wo der Fieder in die sechste Klass kommt, ist das Mami dann aber irgendwie kaputt. Es tut gar nicht mehr aufstehen am Morgen, den ganzen Tag liegt es nur noch im Näscht[216], und obwohl es stark schwitzt, weil es ständig so zabbelt[217] und sich herumwirft unter der Techi, da zieht es die Techi bis über den Kopf. Es möge nicht mehr, es möge einfach nicht mehr, stöhnt es von unter der Zabbeltechi hervor, es hätte nie heiraten und Kinder haben sollen.

Im Krutzlihüttli im Grund, auf dem durchgeweichten Matschboden, da mag ein solches Gejammer allerdings niemand hören. Das Grosi, das kommt auf die halbi Zwölfi aus dem Oberstock abengestaknet[218], schreisst dem Mami die Techi weg und sagt ihm faule Saumore[219] – und der Fieder und das kleine Brüderli, wo er mittlerweile noch bekommen hat, der Höhn, die finden das zuerst sogar noch lustig; die machen dann das sogar einmal nach. »Hehe«, denkt der Fieder, »das Mami, das macht den Löu[220] und spielt den Maulwurf Grabowski!« Und wo er und der Höhn dann einmal ein Sirüpi wollen, da schreissen sie dem Mami ebenfalls die Techi weg und sagen ihm faule Saumore.

---

[216] Bett

[217] zappelt

[218] heruntergestakst

[219] Verstärkung von »Sau«

[220] macht einen Spass

Freilich, wo das wüst verstrubbelte[221] Mami auch nach dem dritten Techi-Fortschreissen gleich wieder nach der Techi hascht, um sie über den schweissnassen Grind zu ziehen, da dämmert es dem Fieder dann doch so langsam, dass mit dem Mami irgendetwas nicht mehr stimmt. Ja ist das dem denn etwa wirklich ernst, da mit nur noch im Näscht wohnen? Aber wer schaut denn dann zu ihm? Ja, Jemmers Trost[222], wer schaut denn dann, dass ihm der Schlufi nicht allpott – Und da ist es dem Fieder jetzt plötzlich hinten und vorne nicht mehr recht, hat er dem Mami eben erst noch grad faule Saumore ausgeteilt. »Das war doch nicht so gemeint!«, grännet er, während er sich neben dem Näscht auf den rohen, ungeschliffenen Holzboden wirft. »Ich habe doch gedacht, wir tun nur blöd[223]!« Und ganz automatisch verschluckt er jetzt auch noch tüchtig Luft, dass es ihm emel brav[224] kracht in seinen Kiemen und er pfeift wie ein alter Teekessel – aber unter der Techi, da zabbelt es nur. Von unter der Techi, da schweiselet[225] es nur. Und da lehrt der Fieder, vor dem Mami seinem Näscht und den Höhn an seiner Seite, jetzt eben wie eine ganz eine neue Angst kennen. Eine, wo nicht mehr nur Schlufi heisst. Sondern gar keinen Namen hat, ja noch nicht einmal eine fasshafte Gestalt, sich dafür aber nur umso erstickender als eine würgende

---

221 zerzauste

222 Ausruf des Schreckens

223 machen nur Spass

224 heftig

225 riecht nach Schweiss

Schwärzi um ihn ballt, eine Todeskälti wie die Kälti aus dem Weltraum. Und da wäre unser Fieder jetzt natürlich schon froh, bliebe wenigstens der Höhn ein bisschen bei ihm, damit er nicht so allein mit den Zähnen klappern muss.

Allein der Höhn, der zuckt nur mit den Achseln, wo nachdem sich das Mami wieder bis über den Haarschübel[226] unter der Betttechi eingezeltet hat. Kurz schaut er zwar schon etwas gestober[227], wo der Fieder neben ihm jetzt da so zittert, dass glatt sein fester Umriss verschwimmt – aber dann geht er dann doch einfach auf sein Budeli[228], wo er auf dem knorrigen Bretterboden weiter mit seinen Tockeln[229] spielt, so gummigen, entfernt menschenähnlichen Monstern, wo er sich gegenseitig auffressen lässt. Nach dem Beschrieb auf ihren Schachteln, da kommen die Tockeln übrigens ihrerseits aus dem Weltraum. Und der Höhn, der hat da auch noch so ein Zubehör zu ihnen. Wie eine Giotine aus Plastik. Nur hat es keine Klinge wie bei der Giotine, sondern oben an den Spritzgusspflöcken, da ist so wie ein Trog montiert, wo man einen giftgrünen Schleim hineingiessen kann – Tockel darunter, zack am Hebeli, platsch, ist der Tockel voll schleimvertropft; das macht der Höhn besonders gern.

Einzig der Schlufi bringt das Mami wenigstens eine Zeitlang noch aus dem Näscht. Er gibt ihm einfach

---

[226] Haarbüschel

[227] verwirrt, verstört

[228] Zimmerchen

[229] rohgearbeiteten Puppen, Figuren

genug hart ein Waschen[230] oder zieht ihm fest[231] am Grännihaar[232]. »Du willst nur nicht! Du willst nur nicht!«, möögget er dabei. Auch ausser dem Näscht legt das Mami die Techi aber kaum ab. Zum Beispiel beim Kochen, da steht dann einfach eine Techiwurst in der Kuchi, wo mit dem Löffel in den Pfannen hantiert. Lang kann das natürlich nicht gut gehen. Und es geht auch nicht lang gut: Das Mami, das bockt von Tag zu Tag mehr im Elterennäscht. Der Schlufi, der zwickt es immer wie wüster zum Grind[233], wenn er Znacht fressen will, und aber noch immer klammert es sich an der Matratze fest oder am Bettgestell, so dass er es einfach nicht mehr entscheidend herunterbekommt von seinem verschwitzten Molton. Zwei Mönet vergehen so. Erst wo es von der Salzsäuri zu reden anfängt, wo in einem Kanister im Kellergang steht, finden der Schlufi und das Grosi dann doch, dass das nicht mehr geht, mit dem Mami da so faul daheim. Es wird dann halt, wie man auf gut Schweizerisch sagt, vom gelben Wägeli abgeholt und kommt nach Münsigen links zu den Tubeli[234] und Spinnern.

Da ist guter Hirte für den Fieder jetzt natürlich teuer. Das Mami, das hat ihm eben auch so ein bisschen das Religiöse gelehrt, den Glauben, dass einem das eine

230 Ohrfeige

231 hier: stark

232 Schläfenhaar

233 ohrfeigen

234 geistig Zurückgebliebenen

innere Wärmi geben kann, wenn man ein frommes Sprüchli aufsagt. Und schon wo das Mami noch daheim im Näscht herumliegt, liegt der Fieder dann viel[235] auch selber in seinem Näscht, gerade so auf die Sechsi, wenn dann jetzt jeden Moment der Schlufi aus dem Holz heimkommt, und tut gegen seinen Angstschlotteri[236] zum Beispiel anfiepen, dass er kein Unglück fürchtet, »denn du bist bei mir, dein Stecken und Stab trösten mich«. Wobei, so richtig getröstet ist er von dem Gebättli[237] allein dann halt meist doch nicht. Vielfach braucht das Gebättli noch die Unterstützung vom elektrischen Öfeli, damit ihm dieses Gramselen[238] wie von eisigen Knoden im Äcken vergeht. Mmh, schön warm sürelet es ihm ins Gesicht, das Öfeli. Direkt auf dem Nachttischli steht es, direkt von neben seinem Kopf streicht ihm der warme Luft über Backen[239] und Haar. Das heisst, einfach so lang, bis das der Schlufi merkt. Gleich mitsamt der Steckdose fliegt ihm das wärmende Kästli[240] dann da aus der Wand. Und noch am nächsten Nami[241], nach der Schule, kann er kaum recht hocken, weil der Himmel sein Gebättli, das mit dem Stecken und Stab, wieder einmal völlig ins Füdeln verstanden hat. Er himpet[242] in die Stubä. Zur

---

235 hier: oft

236 Angstschlottern

237 kleinen Gebet

238 Prickeln

239 Wangen

240 kleine Kasten

241 Nachmittag

242 hinkt

Stereoanlage vom Schlufi. Nimmt er das Sürelen vom Öfeli dann dort halt heimlich auf, auf ein Kassettli. Da kann er es wenigstens ab dem Batterieradiöli losen[243], sagt er sich, am Abend in seinem Verschlag, wenn ihm wieder das grosse Zittern kommt.

Ganz besonders lost der Fieder sein Öfelikassettli dann natürlich an dem Abend, wo nachdem das gelbe Wägeli vorbeigekommen ist. Allerdings, das Wägeli, das war dann weder gelb noch ein Wägeli, sondern so ein Kastenklapf[244], weiss, mit oraasch-rotem Strich, und auch die Männdeln[245], die wo das um sich schlagende Mami auf der Tragbahre festbanden, die waren so oraaschrot, so in oraasch-roten Kombi[246], mehr wie von der Feuerwehr. Es ist jetzt schon fast Viertel ab Sechsi[247]. Der Fieder, der liegt, trotz dem Kassettli, bleich verkrampft unter mehreren Techinen im Näscht; die Knöi[248] hat er bis an den Hals gezogen, weil es ihn so hühnerhautet[249], so wie in Schauern. Und da hört er jetzt auch schon das Polen[250] an der Hüttlitür und dann das Trogeln[251] von dem Schlufi seinen dreckigen Bergschuhen in der Kuchi, und da fangen ihm gleich auch

---

243 hören
244 Kastenauto
245 Männer
246 Overalls
247 Viertel nach sechs Uhr
248 Knie
249 fröstelt
250 dumpf Schlagen
251 Trampeln

noch die verschiedensten Muskeln an, so unkontrolliert zu zucken. »Er weidet mich auf einer grünen Aue und führet mich zum frischen Wasser«, versucht er gegen den Tatteri[252] anzustottern – aber da ist es dann auch schon nur noch ein einziges Zähneklappern und wüst Fägnästen[253], wo ihn packt, weil jetzt, jetzt kracht es nämlich auch schon direkt draussen im Gang, direkt auf den verwurmeten[254] Holzbohlen vor dem Lattentürli zu seinem Verschlag! »D-d-du be-rrr-eitest mir –« Aber höho, was ist denn jetzt das? Das Türli fliegt ja gar nicht auf – ist denn etwa heute der Höhn dran, im Gänterli[255] nebenan? – Es räbelt[256] dumpf, aber schon von hinter dem Budeli vom Höhn her, wie wenn der Schlufi dort blöd in den Gangecken geplötscht[257] wär. »Du Saukäib[258], du ekliger Zwerg!« Ja hat er denn etwa schon einen am Wickel? Aber einen, wo weder der Fieder ist und auch nicht der Höhn? Dann ächzt und knarzt es auf dem ausgetretenen Bretterboden von noch weiter weg, aus Richtung Stubä, »und ich werde bleiben im Hause des Herrn immerdar«.

Der Fieder, der hat dann gwüss[259] vier-, fünfmal Zeit, den guten Hirten abzubätten[260], und aber noch

---

[252] Zittern

[253] im Bett Herumwälzen

[254] wurmstichigen

[255] sehr kleinen Zimmer, eigentlich Schränkchen

[256] poltert, rumpelt

[257] gekracht

[258] Lump

[259] bestimmt

[260] abzubeten

immer nähert sich das holzsplitternde Trogeln von den Schlufischuhen nicht wieder seinem Kromen[261]. Ja, nützt das jetzt etwa plötzlich doch noch, das Bätten? Zur Sicherheit bättet er jedenfalls auch gleich noch das Vaterunser und singt, weil ihm dann schon kein weiteres Gebätt mehr einfällt, dreimal *Ich bin ein Jungsoldat*, wo er am Ende immer pliren[262] muss, weil der Jungsoldat stirbt. Auch da bleibt, völlig unbegreiflicherweise, noch jedes Ohrenbimmeln aus von wegen dem steigeisenbeschuhten Annäherungskrachen von einer schlufischweren Gefahr. Nur so ein Klefelen[263] und Rascheln ist ab und zu zu hören, wahrscheinlich aus der Stubä. Wobei, also nur ganz schlecht zu hören, weil der Höhn, der krähit[264] in seiner Budä nebenan ja wieder mit seinen Tockeln, dass es nicht zum Dabeisein ist. »Ich bin der Uaa-Kum-Kraa!«, möögget er. »Mein Todesschleim wird dich vernichten, uaah!« Und da nimmt es den Fieder jetzt also doch so langsam wunder, was der Schlufi denn da wohl für sich auskäset[265] in der Stubä.

Bald darauf wieselt etwas Schattenhaftes durch die Gangschatten vor der offenen Stubätür. Es lugt hinter dem Schuhschäftli[266] hervor. Pfitzt[267] dann wie auf

[261] winzig kleinen Zimmer
[262] weinen
[263] Klirren
[264] kräht
[265] ausbrütet
[266] Schuhschränkchen
[267] flitzt

Spinnenfüssen am Schuhschäftli vorbei. Und verschmilzt hinter dem rechten Türpfosten gleich wieder mit den Schatten, wobei es nur gerade ein Geräusch macht, als triebe der Wind, wo durch alle Ritzen im Krutzlihüttli pfeift, ein paar Staubflusen vor sich her. Minuten später streckt sich dann allerdings, unten bei der Schwelle, wie an einem Schneckenfühler ein einzelnes Kinderäuglein aus den Schatten – und sieht als Erstes eine grosse, auseinandergefetzte Kartonschachtel auf dem Boden in der Stubä; aus einem Loch in einem Ecken kullern noch immer ein paar Sagexkügeli[268] heraus. Ein Huschen, fast zu schnell fürs Auge, hinter die Überreste von der Schachtel. Was dann aber ein verräterisches Kräscheln[269] von den Sagexkügeli hervorruft. Worauf ein ziemlich lautes Zähneklappern von hinter der vertrometen[270] Schachtel füren folgt.

Da muss der Schlufi, wo mit dem Rücken zur Stubätür breitmassig vor der Wohnwand grüppelet[271], natürlich nicht erst die Krottaugen in seinen Nackenwülsten öffnen, unter seinem vogelnestartigen, schwarzen Haarkranz, um angezeigt zu bekommen, dass sich da sein Erstgeworfener in seinen Dunstkreis hineinzuschleichen versucht. Indes kann er darauf vorderhand noch nicht in seiner normalgängigen Manier einfach gemeingefährlich reagieren, weil auf seinen Knöi, da hat er gerade so einen grossen, chromig

---

[268] Verpackungsmaterial-Kügelchen

[269] Rascheln, Knirschen

[270] zerfetzten

[271] kauert

glänzigen Kasten, und hinten aus dem Kasten, da lampen[272] so verschiedene Kabel heraus, wo er jetzt wohl eines in die Steckdose in der Wand stecken müsste und die anderen irgendwie von hinter der Wohnwand hinten in den Fernseh. Krfzzzt! Funken sprühen aus der Steckdose, das war dann wohl das falsche Kabel. »Dass die das Zeug auch nicht recht anschreiben können, den Seich[273]!« Der Schlufi, der bekommt jetzt auch einen ganz glänzigen Grind. Der glänzt so krebsrot wie der Kasten chromig. Einmal mehr hält er sich die Bedienungsanleitung verkehrt herum unter die Nase.

Die nächste Zeit, die meint jetzt natürlich, doch nicht auskommen zu können, ohne dass der Fieder, wo von hinter der Schachtel jetzt auch noch gute Tipps zu geben versucht, fünf, sechs Flätze fassen muss. Es tut noch mehrmals verdächtig wie von einem Kabelbrand schmürzelen[274]. Der Schlufi, der muss sich noch bis ins Randenrot hinein aufregen. Aber so nach Flatz sieben oder acht oder einer gefühlten halben Stunde, da entwickelt er dann doch so langsam ein Gespür, eine Ahnung, dass es jetzt dann doch noch so langsam anfängt, endlich gut zu kommen. Und richtig: Es dauert dann auch noch kaum drei weitere Flätze, bis er endlich einmal lost, was der Fieder da unverändert schon von Anfang an unter den Flätzen krähit: »Das weisse Kabel in die Steckdose, herrje!« – Wie vom Fachmann montiert, blinkt es dann da plötzlich verheissungsvoll von

[272] hängen

[273] Mist, Unsinn

[274] verbrannt riechen

unter dem Fernseh aus der Wohnwand: dem Schlufi sein allererstes Video.

Und gewissermassen im Halsumdrehen, da läuft dann auch schon der allererste Videofilm vom Schlufi auf dem Video vom Schlufi, *Plattfuss im Kongo*. Den Schlufi, den hat es eben gedünkt, dass er sich doch etwas Gutes tun muss, jetzt nach der Enttäuschung mit dem Mami. Die hat man gern: Jahrelang einen fecken[275], wenn man ruhbet[276], allpott einen aufs Töffli jagen und zum Männdu, und dann aber selber nichts als die grösste Plüttere[277]! Und da ist der Schlufi dann eben nach dem Holzen, wo ihn jetzt das Grosi hinscheucht, mit der Schwarte gleich noch zum Radio Wäfler aufen[278] auf Schwenden. Und weil er den Hitaschi genommen hat, von der Aktion, da hat er obendrein sogar noch einen Gratisfilm aussuchen dürfen, und da hat ihm der Wäfler sofort den *Plattfuss* in die Knoden gedrückt, wo er gesagt hat, er braucht »etwas zum Lähenen[279]«. Und das tut dem Schlufi jetzt also auch wirklich gut, wo er den *Plattfuss* lugt, auch wenn er noch nicht grad von Anfang an lähenen kann. Aber schon rein landschaftlich ist dieser *Plattfuss* einfach irrsinnig. Da sind also wirklich überall so Urwaldbäum, so mit Lianen und so, und auch der Fluss dazwischen ist genau so, wie man halt weiss, dass er dort

---

275 plagen

276 ruht

277 Faulenzerin

278 hinauf

279 Lachen

unten sein muss: dreckbraun, weil die Buschgrüsel[280] einfach zu faul sind zum recht zu lugen zu ihrer Bschütti[281].

Die Vorhänge in der Stubä sind gezogen. Der Schlufi, der plegeret[282] auf dem unförmigen Lederklotz direkt vor der Glotze, der Fieder, der liegt wie ein Würmi rechts auf dem ruuchen Boden, den Heed an die Lehne vom Schlufis Lederklotz gelehnt. Und auch der Höhn muss jetzt natürlich schauen kommen, wass es denn da in der Stubä gibt, wo er so Vogelmööggen und Affenpääggen hört – aber mit einem Ggöiss springt der dann hinter dem Lederthron vom Schlufi in Deckung, wo auf dem Dreckfluss so ein Fischkutter angeknattert kommt. Er lässt gleich den Tockel fallen, wo er noch in der Hand hat, so einen gruusigen, oraasch-glibbrigen Tintenfischsiech[283]; und kreidenbleich küschelet[284] er zum Fieder: »S-s-seit wann ist der Schlufi denn im Fernseh?«

Der Fieder, der beruhigt den Höhn dann zwar, hinter dem Thron herum wispernd, der wüste Hung[285] da, der Borstenkrott auf dem Kutter, das sei denk[286] nicht der Schlufi, aber der Höhn, der traut der Sache trotzdem nicht. So einen Braschi[287] und Mocken[288], so einen

---

[280] unreinlichen Buschmenschen

[281] Jauche

[282] breitet sich aus, liegt faul herum

[283] Tintenfischkerl

[284] flüstert

[285] Hund

[286] Verstärkungspartikel

[287] dicken, grossen Mann

soll es zweimal geben? Erst allmählich streckt er sein Köpfi dann auch wieder füren. Links von hinter dem Lederklotz. Das ist doch bei Goscht einfach der Schlufi!

Es ist natürlich nicht möglich, so einen Videofilm in all seinen Fassetten zu erfassen, dazu rasen die Bilder einfach viel zu schnell vorüber. Irgendwie geht es dann aber so um belgische Sauhünde, wo armen Wilden ihr Tropensumpfloch wegnehmen wollen. Das bringt die natürlich mächtig in ein aufgeregtes Schnattern, nur da kommt dann eben auch schon der Plattfuss auf seinem Kutter in das Safari-Lager von den Sauhünden angekuttert und tut dort zwei Stunden lang einen Satz warme Ohren um den anderen austeilen. Und das macht auch immer so lustig »Flutsch!« und »Toisch!«, wenn der Plattfuss einem einen padet[289], und der Schlufi, der rüft dann mit der Zeit auch selber immer ganz begeistert »Flutsch!« und »Toisch!«, wenn es im Fernseh wieder klepft[290], und täscht[291] mit der Hand so in Richtung vom Fieders Grind. Den er aber viel gar nicht trifft. Sondern seine Flosse säderet[292] stattdessen nur auf die Lederlehne. Und der Fieder, der merkt dann auch, dass er sich einfach nur noch ein bisschen mehr neben der Lederlehne ducken muss, und da trifft ihn der Schlufi überhaupt nicht mehr. Puuh, da kann dann auch der Fieder, obwohl so ge-

---

288 Brocken

289 schlägt

290 knallt

291 schlägt

292 federt nieder, klatscht auf

duckt, endlich einmal ein kleines bisschen abspannen und durchschnaufen, wo er nicht mehr ständig noch auf die Flosse vom Schlufi achten muss. Er lacht dann sogar auch ab und zu mit dem Schlufi, wenn der Plattfuss im Fernseh wieder brätscht. »Flutsch! Toisch! Hahaha!« Besonders lacht er, wo es dann sogar einmal einen von den zittrigen, jammerlappigen Wilden trifft, weil der so blöd nervös fast in die Hosen scheisst vor Angst.

Es könnte also schlimmer sein. Dem Fieder, dem ist zwar das Schlimmste passiert, wo er sich vorstellen kann: Das Mami ist weg! Aber der Fieder, der lehrt jetzt einfach auch, dass alles trotzdem irgendwie weitergeht. Und zwar noch nicht einmal unbedingt nur schlecht weiter. Weil immerhin, dank dem Video, da lacht er doch schon wieder. Und immerhin, dank dem Video, da ist er noch dazu vor den Knoden vom Schlufi so leidlich sicher. Da hätte er sich den Abend, wo sie ihm das Mami abtransportiert haben, also eigentlich doch noch schlimmer vorgestellt.

Nur gut, schon am nächsten Nami, am Samsti[293], da wird es dann auch schlimmer. Der Schlufi, der mechet[294] mit einem Stück Draht den Anhänger hinten an die Schwarte. Den Höhn und den Fieder darauf, geht es sprotzend[295] und krachend erst über Toffen aufen und dann, am Schwefelbergbad vorbei, aben auf Mün-

---

[293] Samstag

[294] schraubt, bindet, handwerkert

[295] knatternd

sigen. Sie hocken im Restoraa um einen Tisch. Ein Glas Öpfelsaft[296] in der Hand. Das Mami, das sieht man kaum vor lauter Techi. Es piestet[297], es möge nicht mehr lebn.

Da dünkt es den Fieder dann auch sofort grad, er könne nicht mehr lebn. Eisige Schwärzi leert sich über ihm aus, die ist noch viel schwärzer, als er im Grind von den Russexplosionen von der Töfflischwarte dreinlugt, und wie angeworfen hat er auch den Schlötterlig[298] wieder wie gesponnen[299]; gleichzeitig von oben herab und von unten herauf scheiket es ihn wüst links und rechts im Zeug herum[300]. Der Höhn, wo als Einziger lugt, der sieht ihn gar nicht mehr richtig. Statt seinem älteren Brüderli, da hockt da nur noch so ein verhutzelter, verzitterter Schemen mit ihnen am Tisch. Das Mami sagt etwas von Rasierklingen. Der Schlufi hässelet[301]: »Du musst nur wollen!« Der Höhn, der fragt sich allen Ernstes, ob der neblige Schwaden da, sein Bruder, ob es den wohl in tausend kleine Wölklein auseinanderwähien[302] würde, wenn er jetzt voll Furz[303] bliese.

---

296 Apfelsaft

297 stöhnt, ächzt

298 Schlottern

299 verrückt

300 umher

301 giftet

302 auseinanderwehen

303 mit aller Kraft

Aber der Höhn, der bläst dann doch nicht, und eine gute Stunde später hat der Fieder ein bisschen an Kompaktheit emel schon wieder gewonnen. Sie sind jetzt beim Wäfler in Schwenden oben, wo auch Video vertlehnt[304]. Auf dem Kassenbrett liegen schon fünf Video, wo der Schlufi aus dem kleinen Räumli hinter dem Vorhang geholt hat. Und gerade eben, da nasnet[305] er jetzt auch noch in dem Gestell neben der Kasse herum und schreisst dann dort auch noch zwei für mit den Gielen[306] heraus. Und da sieht unser Fieder, auch wenn es ihn noch immer tschuderet[307], halt doch auch schon wieder wie zwei ganz zwei kleine, munzige Lichtli aufglimmen in all dem schweren Lebensschwarz vor und um ihn, nämlich *Dick haut gut II* und *Plattila, der Hunnenkönig*. Der Fieder, der hätte ja lieber *Bambi* gelugt. Aber egal, solange er nur zu seiner Schonzeit kommt, heute Abend neben dem Lederklotz in der Stubä, da nimmt er das hirnlose Brätschen vom Plattfuss noch so gern in Kauf. – Der Höhn, der kommt dann auch noch mit einem Video angeseckelt. Die Erdscheibe in der Schwärzi vom Weltall ist vornen auf der Hülle drauf. So dicke, wurmige Tentakel winden sich von oben her auf sie zu. Darunter heisst es, blutrot geschwollen: *Amphibrachus – Der Unaussprechliche.* Aber für so einen Seich, da Säinsfiggschn,

---

[304] ausleiht

[305] äugt

[306] Bengeln, Burschen

[307] fröstelt

wo es gar nicht gibt, sagt der Schlufi, da will er also sicher nicht sein Geld verjubeln.

In vielem fehlt das Mami dem Fieder natürlich schon ganz furchtbar. Zum Beispiel auch beim Znachtfressen. Wäh, huss! Warum muss das jetzt auch ums Verroden[308] das Grosi zusammenplütteren[309], oben in seinem kleinen Kucheli[310], wo es doch fast nichts mehr sieht und gar nichts mehr schmöckt? Zucker im Salat, bei den Bratwürst Essig statt Öl vertwütscht[311] – der Schlufi, der Fieder und der Höhn, die tun den *Plattila* danach dann also ziemlich hungrig lugen, unten in der Stubä. Sie halten ihn sogar an. Zum Kuchischaft[312], in der grossen Kuchi unten, wo ist jetzt nur schon das Päcklipulver Wanillgreem? Schade, er kommt dann leider nicht so gut, der Wanillgreem. Vielleicht hätte zu der Pampe eben doch noch Milch dazugemusst.

Andererseits, in der Schule, da merkt der Fieder dann schnell einmal, dass er jetzt mit dem Video, dass er da also emel viel mehr punkten kann bei seinen Klassengespänli[313] als vorher mit dem Mami, wo er das Mami zum Beispiel mit auf die Schulreis genommen hat. Was für ein Debakel! Noch wochenlang haben ihn der Fränä, der Mäsä und der Jöggu ja da noch ausge-

[308] Verrecken

[309] zusammenpampen

[310] Küche

[311] erwischt

[312] Küchenschrank

[313] Klassenkameraden

zählt[314], was er für ein wüstes Mami habe. Und klein und dick und mit seinem schiefen Biis[315], da ist es ja auch wirklich nicht das Schönste – wie hätte sich der Fieder da auch verteidigen sollen? Jedenfalls, das Mami, mit auf der Schulreis, das hat den Fieder dann unter dem Strich halt einfach noch mehr in seine angestammte Rolle vom Zitteri[316] und Schishaas[317] gedrückt, vom Klassentschumpel[318], wo schon nur einen Hustenanfall bekommt, bevor man ihm überhaupt ins Füdeln stüpft[319].

Hingegen jetzt mit dem Video, üüh, dank dem Video, da katapultiert es den Fieder mitten unter die Kuulen. Weil nämlich so ein Video, das hat sonst in seiner Klass, das hat erst afen[320] grad der Fränä – und da machen Jöggu und Mäsä jetzt also schön neidisch Grinde, in der grossen Pause, wo der Fieder mit dem Fränä plötzlich über den Plattfuss fachsimpeln kann. Der Jöggu, der gibt dem Fieder seinen halben Schoggidrink[321], damit er noch einmal verzellt[322], wie der Plattila ganz Europa verbrätscht. Der Mäsä seinerseits, der findet es töndergeil, wie der Fieder vorher im Math, wo er nichts wusste, wieder einmal wie wahn-

---

314 gehänselt

315 Gebiss

316 Zitterer

317 Angsthasen

318 dem, den die ganze Klasse plagt

319 tritt

320 bisher erst

321 Schokoladen-Drink

322 erzählt

sinnig geschlottert hat. »Der Leist[323], der konnte dich gar nicht mehr anlugen! Ganz grün wurde der im Gesicht!«, prustet er. Er wirft sich dann auch so herum und versucht sich so zu schütteln, dass es seine Konturen verwischt. Aber da ist ihm der Fieder, finden Jöggu und Fränä unisono, doch noch entschieden voraus.

An einem freien Mittwoch Nami kommt der Fränä dann sogar einmal in den Grund herabgevelonet. Er rattert über die morschen Trämel[324] vom Grundbrüggli[325] und rast, weil er das Terää halt nicht kennt, voll Krüüsch[326] in die schlammige Fahrmulde hinein, wo sich bis vor das Krutzlihüttli zieht. Natürlich ist er dann bis zum Bauch oben voll Dreck, wo der Fieder die Tür auftut. Das ist dem Fieder gar nicht recht. Nur schon deshalb, dünkt es ihn, muss er dem Fränä doch fast *Die Superfaust* mitgeben, als Entschädigung sozusagen. Er vergibelt[327] innerlich zwar fast, dass das doch der Schlufi merkt, wo der Fränä die *Superfaust* auf seinen Gepäckträger klemmt, von dem, in zähen Klumpen, noch immer Dreck tropft – aber wie kopflos seckelt er dann sogar noch einmal in die Stubä zurück und bringt dem Fränä gleich auch noch *Faust III* mit heraus. Wobei, das jetzt also weniger wegen dem Dreck, weil er da beim Fränä etwas gutmachen möch-

323 Lehrer

324 Stämme

325 kleinen Brücke zum Grund

326 mit Vollgas

327 vergeht

te. Sondern mehr, weil der Fränä, weil der eben manchmal mit den schönen Meitscheni[328] aus der Parallelklass redt, mit der Fränzä und der Ändlä. Uh, mit denen, da würde der Fieder auch gern reden. Emel mit der Ändlä. Ganz besonders, seit das Mami in Münsigen ist, dünkt es ihn, dass er da ganz viel so Innerliches hätte, wo er der Ändlä gern sagen würde. Und wenn er für sich allein ist, daheim in seinem Kromen, da sagt er der Ändlä sogar ganz furchtbar viel. Und zum Beispiel sagt er dann auch gar nicht Ändlä zur Ändlä, sondern »Schmus«, weil das ist nämlich eine Abkürzung, wo er sich ausgedacht hat für: »Schönstes Mädchen unserer Schule«. – Zugegeben, ganz perfekt ist sie nicht, die Abkürzung, weil eigentlich müsste er der Ändlä ja dann eher »Schmusch« sagen und nicht »Schmus«.

Nur, der ganze Schmus mit dem Schmus, der ist eben eigentlich sowieso nur für die Katz, weil wenn der Fieder zum Beispiel die Finken[329] anlegt auf dem Bänkli im Schulhausgang und das Schmus steht per Zufall plötzlich vor ihm, da kommt einfach überhaupt nichts aus ihm raus, weder ein »Schmusch« noch ein »Schmus«. Er ist da irgendwie so voll von all dem, wo er jetzt sagen möchte, dass sich das alles gegenseitig vor seinem Gurgel verstopft – höchstens so ein hohles Krächzen, ein unverständliches Brabbeln bringt er füren, wo ihn das Schmus dann ganz schräg dafür anlugt. Was natürlich nicht so toll ist. Andererseits, vielleicht ist es ja doch auch besser so. Weil der Mäsä, der

---

[328] Mädchen

[329] Pantoffeln

macht da in letzter Zeit immer so hohle Sprüch von wegen den Wiibern[330]. »Steckdöselen wollen die nur!«, holeiet[331] er nach dem Turnen unter der Tuschi[332] und tut dabei so gruusig mit seiner faltigen Biselwurst[333] herumwedeln. Der Fieder, der kann also nicht recht glauben, dass da etwas dran sein soll. Ihn würgt es ja manchmal fast selber, wenn er einen Druck hat über der Schüssel, und dann muss er da seinen müffelnden, bleichen Runzelwurm zwischen den Scheichen hervorholen. An so etwas soll das Schmus Freude haben?

Nachdem der Fränä gegangen ist, wobei er sein Velo bis zum Brüggli gestossen hat, lugt der Fieder dann mal eines von den Video, wo der Schlufi beim Wäfler oben für sich genommen hat, in dem kleinen Räumli hinter dem Vorhang. Es sind da so blutte[334] Füdeln auf der Hülle. Der Fieder, der tut den Ton nur so ganz leise. Damit er nicht öppen noch den Höhn fürenlockt, wo in seinem Budeli wieder möögget mit seinen Tockeln. Er hält die Luft an. Er wird etwas rot. Aber sehr schnell kann er dann auch schon wieder ausschnaufen, weil zunächst jedenfalls, da ist da gar nichts gross mit Blütteln[335] in dem Video: Die Blondi[336], wo da so in eine vergitterte Manesche hereinstolziert, die hat Zy-

[330] Weibern

[331] grölt

[332] Dusche

[333] Pinkelwurst

[334] nackte

[335] nackt Ausziehen

[336] Blonde

linder und Frack wie von einem Zirkusdirektor an, und der komische Kruslige[337], wo gleichzeitig aus einem Raubtiergatter krabbelt, sogar an den Scheichen hat der ja noch Kruseln, der trägt wenigstens noch ein Leoparden-Underhösi.

Der Rest vom Video ist dann allerdings eine einzige Enttäuschung. Es passiert nicht mehr, als dass die Blondi ein Peitschchen zückt und den Krusligen – mit ziemlich lahmen Schlägen – eine halbe Stunde lang im Kreis herumtreibt. Das soll alles sein? Und wegen dem jetzt da das ganze Getue von wegen Mannen und Wiibern? Sicher, ein bisschen erleichtert ist der Fieder ja schon, dass der Mäsä da ganz falsch liegt, wenn er an seinem Schnäbi[338] spielt. Aber andererseits: Das ist ja nichts anderes, als was er schon die ganze Zeit mit dem Schlufi erlebt! Da lohnt es sich ja gar nicht, erwachsen zu werden, wenn man dann bloss von der einen statt dem andern auf den Ranzen bekommt[339]!

Am Abend, nachdem der Schlufi gemerkt hat, dass *Die Superfaust* und *Faust III* fehlen, sieht der Fieder das freilich doch wieder etwas anders. Noch am nächsten Mittag tun ihm alle Knochen weh. Trotzdem ist er der Erste, wo beim Läuti[340] aus dem Klassenzimmer spurtet – um sich draussen umständlich hinter dem Dornenstrauch vor dem Veloständer zu verstecken. Das Schmus

---

337 Kraushaarige

338 Schwänzchen

339 Prügel bekommt

340 Klingeln

kommt. Bschliist[341] sein rosenrotes Velöli auf. Da gumpet der Fieder von hinter seinem Strauch füren, dem Schmus vor die Füsse – ohne dass er jetzt eigentlich weiss, was er denn genau tun soll. Aber da springt dann einfach ganz automatisch so das Notfallmuster an, wo er sich von klein auf gewöhnt ist, und er krähit und pfeift aus seinen Lungen, dass einem Losen und Lugen vergeht. Das Schmus, das erklüpft natürlich schön. Nur, es kann ja jetzt nicht einfach so davonvelölen, wo es bal[342] Angst haben muss, dass der Fieder da vor ihm erstickt. Und es will dann zwar schon nicht mit ihm ins Kino, das Schmus, wie der Fieder, im Staub röchelnd, gleich einmal vorschlägt. Aber immerhin, es willigt schliesslich ein, sich bald einmal einen Plattfuss auslehnen[343] zu lassen, weil sein Papi, der will am Wochenendi einen Videorekorder kaufen gehen. Das ist doch schon mal ein guter Anfang, findet der Fieder.

Ein anderer Anfang fängt am nächsten Mittwoch Nami an. Kaum ist der Schlufi auf die Töfflischwarte gehockt und hat die bockige More mit einem Russknall über das Grundbrüggli gejagt, macht der Höhn ein Video füren, wo er seinerseits von einem Klassengespänli vertlehnt hat, und zusammen, da tun der Fieder und der Höhn, die Kleinjenni-Gielen, im Krutzlihüttli in der Stubä jetzt ihr allererstes Horrorvideo lugen: *Das*

[341] schliesst

[342] fast

[343] ausleihen

Ding aus einer andern Welt. Wo also auch wirklich ziemlicher Horror ist. Arktis, wäh huss! Das ist sowieso nichts für den Fieder. Er lugt das *Ding* dann auch mehr von hinter dem Schlufis Lederklotz füren, als dass er rechts daran lehnt. Während andererseits aber der Höhn, wo zuerst links von hinter dem Klotz fürenglüüsselt[344], mit der Zeit sogar auf den Schlufithron heraufstägeret[345]. Ein Ufo. Im Eis. Und irgendwie soll dann da ein Älien herumsein, wo man aber gar nicht sieht. Dass es da ist, da sein muss, das Älien, das erkennt man nur daran, dass erst ein Hund und dann immer mehr Männdeln so gruusig ihr blutiges Innengedärm nach aussen kehren – und aber immer noch weiterwandeln. Der Fieder, der bekommt den Schluss nicht recht mit. Irgendwann brennt dann alles. Der Höhn aber, der dreht sich beim Abspann mit ganz so komischen Augen zum Fieder um, oben auf dem Lederklotz. Und ganz so geschraubt, wie wenn er begeistert wäre, sagt er: »Gell, es ist ein Grauen hinter der Welt, an dem wir sterben müssen.«

---

[344] hervoräugt

[345] heraufklettert

Dort unten am Bergli

Man hat dem Kleinjenni ja von Anfang an gesagt, er soll nicht im Grund unten bauen. Auf seinen rotschädeligen Kleinjennischädel zu hat man ihm gesagt, dass das doch ein Blödsinn sei, da im finstersten Loch im ganzen Kirreltal überhaupt bauen zu wollen, quasi unter dem überhängenden Fuss vom Schreckhorn. »Überlegst du denn überhaupt nichts, Kleinjenni?«, hat etwa der alte Pfaff Würgler zu ihm gesagt. »Im Grund unten, da lebst du doch wie in einem Schattloch begraben. Die engste Stelle auf dem Strässli nach Horboden! Vorne und hinten nur Felsflüh! Und auf dem mageren bitzi[346] Schwemmboden, da zwischen Kirrelsteg und Schreckhornwand, da willst du also Härdöpfel ziehen?«

Aber der Kleinjenni, der hat unter seiner Glatze halt schon sein ganzes Leben lang das Gefühl wie festgeschraubt gehabt, man wolle ihn nur daran hindern, ein Grossjenni zu werden. Sofort hat er sich eingebildet, man möge es einem Kleinhäusler wie ihm nur nicht gönnen, dass er in Zukunft am Predigweg wohnen solle, dem Predigweg, wo von der linken Felsfluh oben herabkam und über den Kirrelsteg und durch den Grund, zwischen den verkrüppelten Fichten und Zwergtannen im Grund, die Schreckhornwand nach Schwenden hinaufführte. Nach der Ansprache vom alten Pfaff Würger, da ist er erst recht wie in einen

[346] bisschen

Brückenpfeiler in den Wahn hineingefahren, ums Verrecken im Grund unten bauen zu wollen. Noch bevor der Vorkauf von der Gemeinde überhaupt unter Dach war, war er dann da schon mit der Sagi im Grundwäldli innen am Wüten. Und auch die Goofen[347] mussten mithelfen, jedenfalls der Schlufi und die Hörnere. Den Sämi, wo nur lallen konnte, wo noch immer seine Hosen verschiss und auf allen Vieren kroch, den konnte der Kleinjenni beim Krampfen[348] natürlich nicht brauchen. Den band er, mit einem Stück Seil am Knöchel, nachmittagelang an der uralten Trauerweide fest, gleich neben dem Kirrelsteg, während er mit dem Schlufi und der Hörnere zwischen den Krüppelfichten und Zwergtannen zugange war. Und dann zwischen den abgeholzten Krüppelfichten, wo sie mit Seilen die Wurzelstrünke aus der vollgesoffenen Erde schrissen. Und schliesslich hinten unter dem schwarzen Fels, wo der Kleinjenni mit ein paar Hulanern[349] aus der Rossgagelpinte[350] im Horboden innert Tagen eine kleine Bretterhütte zusammennagelte.

Als alles vorbei war, hatte es unter der Trauerweide einen kreisrunden Trampelpfad. Der Kleinjenni, der machte dem Sämi das Seil vom Knöchel los, band es ihm wie einem Hund um den Hals und führte ihn stolz auf dem kahlen, schlammgrauen Bitz[351] Land herum,

---

[347] Kinder, Bengel

[348] schwer Arbeiten

[349] Lärm-, Saufbrüder, Gesindel

[350] Pferdemistschenke

[351] Stück

der im tiefen Schlagschatten vom Schreckhorn lag. Riedgrund, taufte er den Platz ganz ergriffen, den gerodeten, urbar gemachten Grund. Nur bei den Kirchgängern, von der anderen Talseite, da hiess die morastige Brache, in die der Kleinjenni den Grund verwandelt hatte, bald schon nur noch ganz anders. Da hiess sie der Grund ohne Grund, der Sundergrund.

Es war halt die Not, wo den Kleinjenni in den Grund hinabtrieb. Auf der linken Talschulter, auf der Wandfluh oben, wo er zuvor mit den Seinen gehaust hatte, war eben die Seine, die Französi, die er aus Frankreich hatte, in einem letzten Röcheln qualvoll erstickt. Man hatte sie beerdigt. Man hatte die Grebt[352] gehalten. – Aber nach drei Tagen, da hörte der Kleinjenni von abends an und dann die ganze Nacht hindurch wie ein Grochsen[353] und Seufzen im Kellerloch und ein Trogeln wie von harten Schuhen, und wenn er dann aber mit der Ölfunzel hinableuchtete unter die Falltür, da war da unten nichts. »Jesses[354], das kann doch nicht die Meine sein«, sagte sich der Kleinjenni. Und als das Grochsen und Trampeln und dazu ein Schmatzen und Schlurfen im Loch andersnachts wieder kam und in der nächsten Nacht fast noch ärger war, da sagte sich der Kleinjenni wiederum: »Das kann doch nicht die Meine sein; die Meine, die war doch kein schlechtes Mönsch.«

---

352 hier: Leichenmahl

353 Mischung aus Fluchen, Seufzen und Spucken

354 Herr Jesus

Aber eben, was ein gutes Mönsch oder der Mönsch überhaupt ist, da gehen die Meinungen ja auseinander. Der Kleinjenni, der glaubte zum Beispiel auch von sich selber, er sei ein Mönsch, und noch dazu ein guter, obwohl er etwa der Seinen, als die mit dem Sämi in der Hoffnung war, dermassen in den geschwollenen Bauch gedroschen hatte, dass der Sämi viel zu früh kam. Und die Seine, die hatte noch ein paar Wochen vor ihrem Verräbeln die Hörnere, wo ja gar nicht ihr Kind war, an den Haaren gepackt und mit dem Kopf gegen den Eisenknauf vom Nähischäftli[355] geschlagen – nur weil die Hörnere vor der Schule nicht dazu gekommen war, die Härdöpfel fürs Zmittag zu rüsten. Was ist der Mönsch? Manche sagen, nichts weiter als ein Haufen reizbarer Organe. Da hat man dann natürlich eine schöne Ausrede, rutscht so einem Haufen auch einmal die Hand aus.

Jedenfalls war es kein Leben mehr für den Kleinjenni und die verbliebenen Seinen oben auf der Wandfluh, oder besser gesagt: kein Schlafen, wegen dem Rumoren und Grampolen[356] aus dem Kellerloch jede Nacht. Der Kleinjenni, der schickte dann noch nach dem Pfaff Würgler, nach Schwenden herüber. Aber das hätte er sich auch gleich sparen können. Der Lappi[357], der Pfaff! Im vollen Pfaffenfilz keucht das Fass, trotz bränntiger[358] Hitze, der Hörnere hinterher, erst über

---

[355] Nähschränkchen

[356] Lärmen

[357] Blödmann

[358] brennender

den Kirrelsteg und dann die Gneisfluh hinan, dass er auf der Wandfluh oben emel ja fix und fertig ist! Eine Viertelstunde lang muss sich ihm dann erst einmal die Hörnere beim Brunnen widmen, ihm unter der Brunnenröhre den hochroten Grind abspülen. Erst dann geruhen der Herr Pfaff, dem Kleinjenni in dessen mehrbesseren Höischober[359] zu folgen, wo zwischen Säcken und altem Stroh die Gielen und ein paar Viecher[360] hocken. Auf dem einzigen Stuhl, an dem wackeligen Tisch thronend, frisst der Pfaff noch den halben Käs, bevor er auf einen Fetzen Papier kritzelt: »Tu weichen, verdammte Seele, wer du auch seist!« Er brümelet[361] ein Gebätt. Mit dem Fuss macht er das ärgste Stroh von der Falltür weg, steckt den Fetzen dort unter das Schloss. Ein letzter Rülpser, und talabwärts wackelt er wieder davon. – In der Nacht, da stürmt es. Im Kellerloch schlägt es nur noch wüster und wie von Ketten um sich herum; zuweilen könnte man fast meinen, es knarre jetzt auch noch die Stege[362] hoch. – »Da gibt es nichts«, sagt sich der Kleinjenni. »Ich muss aben ab der Wandfluh.«

Im Grund unten, da wurde dem Kleinjenni dann allerdings schnell einmal klar, dass er sich völlig verrannt hatte. Die Schulden vom Vorkauf von der Gemeinde

---

359 Heuschuppen

360 Tiere (abschätzig)

361 murmelt leise

362 Treppe

auf dem Puggel[363], hatte er natürlich, wie auf der Wandfluh oben, Bohnen und Härdöpfel ziehen wollen – und war nun erstaunt, dass ihm in dem schwarzen Morast, der sich am nahen Kirrelwasser vollsoff, die Setzlinge verfaulten, kaum hatte er sie eingegraben. Nichts Grünes kam aus den Setzlöchern heraus. Bestenfalls blubberten mal ein paar Plaateren[364] Dreck daraus hervor. Der Kleinjenni, der musste dann schauen, dass er wenigstens hinten unter dem Fels, um sein Krutzlihüttli herum, zu etwas Suppenkrutt[365] und Ärdbeeri[366] kam. Auch einen Verschlag zimmerte er, für ein paar Hühntscheni[367]. Ansonsten aber, da taugte das ganze schattige Matschland, da vor seinem Gehütt dem Kirrel zu, einzig und allein zur Saumast, auf die er aber gar nicht eingestellt war, weil er ja nur zwei Säue, zwei Guseni hatte, das Friedi und das Lehni, magere, blutleere Geschöpfe, die rosa Ringelschwänzchen traurig eingeknickt. Gut, wenigstens die, die kamen dann auf ihre Kosten im Grund. Fröhlich quiekten sie, wenn sie der Kleinjenni am Morgen hinausliess, zu all den Schlammlöchern zwischen Kirrelsteg und Schreckhornwand.

Der Kleinjenni, der quiekte weniger. Weil er den Schuldzins sonst nicht zusammenbekam, musste er sich nachmittagelang als Gepäckträger auf das Bahn-

---

363 Buckel

364 Blasen

365 Suppenkraut

366 Erdbeeren

367 Hühnchen

höfli Horboden verdingen. Für ein Zwänzgi[368] in der Stunde dort neben dem Stumpengleis herumstehen und auf Ausländische und Mehrbessere hoffen, denen er die schweren Holzkoffern nachschleppen durfte, auf dem stotzigen Bergwegli Richtung Schwenden oder sogar noch weiter, bis zum Kurhaus Schwefelbergbad. Deshalb, da nahm er dann auch das Grosi beziehungsweise Stiefgrosi zur zweiten Seinen, kurz nach dem Wiedersehen auf dem Friedhof. Eh ja, es musste doch jemand zum Hüttli und zu den Gusen lugen, wenn er, unter irgendeiner Kiste gekrümmt, zwischen Tannen und Fels die Fluhwänd hochstapfte. Richtige Truhen waren das manchmal, halbe Purenschäfte[369], so dass der Kleinjenni schon nach wenigen Schritten glaubte, jetzt breche ihm dann grad das Kreuz. Da mochte er es dann gar nicht verputzen, wenn ihm die Ausländischen, oben vor dem Kurhaus, womöglich noch mit dem Trinkgeld knauserten, weil ihm die Kiste zuletzt mit einem lauten Knall vom Puggel gekracht war! – Viel von Liebi war da nicht, zwischen dem Kleinjenni und dem Grosi. Der Schlufi und die Hörnere, die hörten hinter dem Leintuch, wo ihren Verschlag gegen die Kammer von den Eltern vermachte[370], öppendie ein Rufen: »Nein, hör auf, das tut mir nicht gut!« Der Kleinjenni, der sackte dann halt auf seinen eigenen Strohsack zurück. Er schloss die Augen. Und träumte vom Burgund.

---

[368] Zwanzigrappenmünze

[369] Bauernschränke

[370] abschloss

Wie hoffnungsvoll war er doch aufgebrochen damals, in jenem Mäien[371] vor scheinbar unzähligen Jahren. Glutrot stand die Sonne gerade so eben über dem schroffen Zacken vom Otterenpass, wo er vor den Hüttenschober trat; warm und hell umspielten ihre ersten Strahlen seinen schon damals ganz verfurchten, lederigen Grind, von dem aber immerhin noch der eine oder andere Haarschübel abstand. Er hatte zwar auch eine Kiste auf dem Puggel oder wenigstens ein Kistli, während er jetzt da – steil an den scharfkantigen Gneisfluhplatten vorbei – hinab in den Schatten vom Grund stach. Nur war es sein eigenes Kistli. Es war leicht, und das nicht nur, weil darin kaum mehr als ein Strohblümi, ein Apfel und ein paar löchrige Kühjerkittel[372] herumtroleten[373]. Der Kirrel, von dem zwischen den Tannen ein feiner Nebel aufstieg, rauschte im Kleinjennis Ohr wie ein Meer voll Verheissung.

Später war es dann das tiefe, bedächtige Gurgeln der Aare, das den Kleinjenni auf seinem Fussmarsch begleitete. Der Wind, der am einen Tag durch einen kühlen Föhrenwald strich und am anderen endlose, goldglänzige Weizenfelder wogen und rascheln liess. Unter einer uralten Eiche, irgendwo in der Waadt, flog ein Schwarm Stare auf. Alles war dem Kleinjenni ein Zeichen, ein Flüstern und Locken: Im Westen liegt dein Glück.

---

371 Mai

372 Kuhknechthemden

373 herumkullerten

Und tatsächlich wurde er dann, kurz vor Dischoo, am ersten Ort auch gleich genommen, wo er anklopfte, obwohl er ganz zerlumpt daherkam, auf einem Gut namens Orgöö. Der Gutsverwalter, der Mössiö Mischell, ein untersetzter, kräftiger Vierziger in Reitstiefeln, mit zurückgekrempeltem Hemd und einem Käppi[374] auf dem Kopf, stellte ihm sofort Käse und Most auf, und danach, da taten sie noch zusammen schiggen[375]. Der Mössiö Mischell, der fasste schnell ein Zutrauen zum Kleinjenni. Auch wenn sie am Anfang kaum drei Wort voneinander verstanden. Aber der sah halt, dass sich der Kleinjenni bemühte, anstellig zu sein, und dass er ein Schaffiger[376] war. Schon nach ein paar Wochen, in denen er zu den einhundert Gusen geschaut hatte, da machte der Mössiö Mischell den Kleinjenni glatt zum Oberschweizer[377] von dem ganzen Gut Orgöö, wo die Leute für das Höien einteilen durfte. Und das Fuhrwerk fahren, wo die Höischöchen in die Scheune einbrachte. Da fiel er dann natürlich auch dem Weibervolch[378] ins Auge, wo er jetzt langsam auch anständig Oberarme bekam, von dem guten Käs und Most, wo es fast all Tag gab. Mit einer tüchtigen Milchmagd, der Madleen, wo rot Backen wie ein Surgrauech[379] hatte, hockete er im Abendrot am Brunnen.

---

[374] Mützchen

[375] Tabak kauen

[376] Arbeitsamer

[377] Meisterknecht

[378] Weibervolk

[379] Säuerlicher, rötlicher Apfel

Sie musste lachen, wo er zu kirreltalnern anfing, und warf dabei ihre hellen Zöpfe durch die Luft. Wer so lustig wie ein Fröschli quakt, dachte sie, oder dann auch wieder wie ein Vögeli zwitschert, das muss ein lieber Mann sein. Der Kleinjenni, der schenkte ihr das Strohblümi aus seinem Kistli. Er nannte sie sein Rapunzel.

»Wäre doch nur mein Heimweh nicht gewesen, damals in Orgöö!«, verfluchte sich der Kleinjenni jetzt oft selber, auf dem Bergwegli gegen Schwenden, wenn ihm die Kante von irgendeiner Kiste besonders scharf in den Puggel schnitt. Er hatte die Madleen gedrängt, mitzukommen auf die Wandfluh. Innert Wochen war sie ihm dort oben wie verdorrt. Waren ihre rot Öpfelbäcklein verschrumpfelt[380] zu braun Dörrschnitz[381]. Jahrelang lag sie dann nur noch in dem dunklen, stickigen Hüttenschober drin, wo sich baufällig an einen zugigen Gupf[382] klammerte, und hustete auf ein paar Strohsäck. Manchmal weckte sie den Kleinjenni in der Nacht. »Die Berg mache mir Pöör«, keuchte sie. »Wie das Maschuar von eine ungeheure Moostre, seit Jahrmillione tot – aber kann tuschuur sö reweiee.«

Seither war es nur noch bergab gegangen mit ihm. Einmal zurück im heimatlichen Urviechrachen: alles nur noch abverheit[383]. Und das frass natürlich am und

---

380 verschrumpelt

381 Dörrobststückchen

382 Erhebung, Hügel

383 misslungen

im Kleinjenni drin, während er da so Säck und Kästen stemmte, dass er ausgerechnet daheim immer mehr den Bückling und die Drecksbüez machen musste, den Unterjenni, anstatt, mit der Erfahrung aus Orgöö und gut Bohnen, Krätten[384] voll, sich zügig heraufzuwirtschaften zu einem ordentlichen Mittel- und dann eben sogar Grossjenni. »In Orgöö war ich der Oberschweizer – und hier vermag ich noch nicht einmal ein Handwägeli, für wegen den Koffern, weil der Schuldzins alles wegfrisst!«, mööggete er einmal, auf dem Heimweg in den Grund, oben in Schwenden über die Fluh aus[385]. Nur die Kühe, wo dort weideten, glotzten ihn stumm an. Zum Anlugen machte er einen immer verwachseneren Eindruck. Als ob die Krüppelfichten, wo er im Grund abgeholzt hatte, in seiner Gestalt wiederkehrten.

Manchmal brachten dann sogar die Goofen mehr Klütter[386] heim, als der Kleinjenni am Abend aus seinem Nastuch[387] knüppelte[388] und Stück um Stück, mit Kopfschütteln, auf das leere Tischblatt in der Kuchi klackern liess. He ja, der Schlufi und die Hörnere, die spielten ja immer bei dem Abfallhaufen von den Schwendenern ober[389] dem Hüttli, unter der Fluh, wo

---

[384] Körbe

[385] hinaus

[386] Geld, Zaster

[387] Taschentuch

[388] freiknotete

[389] oberhalb

der Predigweg in den Wald geht, und zwischen all den verfaulten Härdöpfeln, kaputten Stühlen und verrosteten Ölfässli hatte es dann immer öppen auch gern ein paar Schlängli. Jetzt, die Hörnere, die hatte längst erlickt, dass einem die schwarzen Würmeni[390] gar nichts taten; man brauchte da ja nur ein bisschen mit einem Steckli zu rascheln, und dann waren die gleich alle wieder wie vom Erdboden verschluckt. Nur welche Prediggängere[391], von der äneren, schattigen Talseite, wusste das schon? Wenn dann da so ein Huldi oder ein Stini gegen den Abfallhaufen angegnappet kam[392], wenn es etwa vertrocknetem Mist oder einem blutigen Leintuch ausweichen wollte, und plötzlich zischte es überall um ihns, da konnte man das dann meist ganz einfach um einen Batzen[393] erleichtern, in so einem Zeug[394], wie es war. Noch so gern streckte es der Hörnere ein Zähni[395] oder Zwänzgi entgegen, manchmal sogar ein Fünfzgi[396], wenn die wie zufällig hinter einer Farnstude[397] fürenkam, dreimal mit einem Stecken auf den Boden schlug – und puff, war das ganze Natterngezücht weg.

Freilich, nach der Predig, oben in Schwenden, da gereute der Batzen unser Huldi oder Stini dann schon.

---

[390] Würmchen

[391] Predigtgängerin

[392] sich langsam, mühsam näherte

[393] Geldstück

[394] hier: Aufregung

[395] Zehnrappenmünze

[396] Fünfzigrappenmünze

[397] Farnstaude

Besonders, wenn es deswegen etwa auch noch um das Kilchenkafi[398] kam. Es bestürmte dann den Pfaff Würgler, er müsse etwas tun; das sei ja Teufelswerk, ein katholischer Ablasshandel, wie einen die Nattern und Grundgoofen da auf dem Predigweg ausnähmen! – Nur, der Pfaff Würgler, was wollte der? Der musste ja selber jedes Mal nach dem Krutzlihüttli abenhepen[399], wenn er von Schwenden oben talnitzgi[400] trappete und dann, beim Abfallhaufen am Waldrand, aus einem zerbrochenen Milchkrug ein schwarzes Schwänzli lugen sah.

Der Kleinjenni, unter irgendeiner Truhe über Wurzeln und Steinklüfen[401] stürfelnd, verschraubte sich unterdessen in immer hirnverbranntere Vorstellungen hinein. Gerade indem man ihm vom Grund abgeraten habe, knurrte er, habe man ihn in den Grund getrieben! So lange habe man ihn mit dem Abraten vom Grund gereizt, ja provoziert, bis er ja gar nicht mehr anders gekonnt hätte als förmlich in den Grund wie ein Muni[402] in einen Kriishaufen[403]! Man zeigte sich hinter seinem Rücken den Vogel. Dabei, so daneben lag er eben vielleicht gar nicht einmal. Weil emel die von der Gemeinde, die Gemeindiger, die wären ja

398 Kirchenkaffee

399 hinunterrufen

400 talabwärts

401 Steinbrocken

402 Stier

403 Tannennadelhaufen

nicht etwa bereit gewesen, ihm zu einem annehmbaren Preis ein Bitz Land an der Sonnseite zu verkaufen, wo er von der Wandfluh oben abenmusste, in Schwenden unterhalb vom Muttenhubel zum Beispiel. Da war von Anfang an immer nur vom Grund die Rede gewesen – von dem man ihm aber eher abrate, weil obendran ja grad der Abfallhaufen von den Schwendenern e zetera, e zetera.

Dass er es nie mehr zu einem Grossjenni bringen würde, dass er endgültig auf einen Zwergen- und Schrumpfjenni zurückgestutzt war, das kopfete[404] er, so glaubt man, aber wahrscheinlich doch erst bei dem Vorfall mit der Gräfin Gertrude. Eine Piesse aus Stuttgart, kam die zusammen mit ihrer Leibmagd, beide in Schwarz, schon jahrelang jeden Sommer ins Schwefelbergbad – angeblich wegen der Wassersucht, wo sie in den Scheichen hatte, aber wohl mindestens ebensosehr, so der Eindruck im Tal, um überall herumzuplagieren[405], wie »bei uns draussen« alles besser sei, vor allem ein ganz bestimmtes Dosen-Sauerkraut, *Hengstenberg* aus Esslingen, dem sie offenbar ihr Vermögen verdankte. Der Kleinjenni, gedanklich schon beim Bschüttilochleeren[406], zu dem ihn der Muttenhubelpuur auf den Abend bestellt hatte, schwankte mit der Frisierkommode von der Trude gerade durch den gäisten[407]

[404] kapierte

[405] überall anzugeben

[406] Leeren der Jauchegrube

[407] steilsten, engsten

Kehr[408] unterhalb von Schwenden, über die schlifrige[409] Felsnase, wo es rechts hundert Meter das Loch ab geht, weshalb er stark nach links hälten[410] muss, aber doch auch nicht zu stark, damit er noch um die Dornbüsch dort herum wieder auf den gegrieneten Weg[411] kommt. Die Trude steht mit ihrer Leibmagd schon oben, sie sagt eben noch einmal mehr, wie sehr ihr der Esslinger Betrieb hier halt doch fehle – da, just wo der Kleinjenni den rechten Fuss lüpft und sein ganzes Gewicht Richtung Dornbüsch umlagert, gluggert[412] sie erst so komisch und röhrt dann wie ein Hirsch: »Träger! Es hat so eine natürliche Anmut, wie er die Felsen hochkraxelt. Bleibe er so! Oder stelle er sich noch etwas näher an den Abgrund, ich will ihn in Öl bannen!«

Der Kleinjenni, schon vorher eine relativ tännchenartige Erscheinung unter der Kommode, sieht jetzt aus, als hätte er auch noch alle Nadeln verloren. Die zwei Dosen *Hengstenberg*, wo ihm die Trude fürs Posieren geben will, die pänggelt[413] er zwar noch stäänzverruckt[414] in den Abgrund. Aber wo er ihr dann einmal sagen will, ob er in Orgöö die Höischöchen eingebracht habe, damit sie ihn jetzt hier als Gepäckesel abbildere, da tut er das mit einem so hohlen, krächzenden Stimmchen, dass sie ihn kaum versteht. An

408 Biegung

409 rutschige

410 sein Gewicht verlagern

411 Kiesweg

412 gluckt

413 wirft, schmettert

414 hochzornig

dem Abend, und an vielen weiteren, hocket er bis zum Morgengrauen in der Rossgagelpinte. Eine ganze Flasche *Grüne Fee* säuft er leer, bis er, den Grind in einer Söiferlache[415] auf der Tischplatte, nur noch »Orgöö, Orgöö!« vor sich hinlallt. Man schleift ihn in den Rossstall, von dem die Pinte ihren Namen hat. Da erinnert er sich, in dem dreckigen Stroh, an den grossen Wald bei Orgöö. Durch den er einmal, mit dem grossen Ross, dem Aschill, in den Nachbarweiler sollte. Stockdunkel war es schon zwischen den Stämmen. Aber sicher fand der Aschill, den er am Stirnriemen hielt, den Weg. Nur kurz vor der grossen Kreuzung, mitten im Wald, da blieb das Ross plötzlich wie angewurzelt stehen. Es schnaubte, wo er es am Kummet packte. Es stellte sich auf die Hinterbeine, wo er es mit dem Stecken in die Seite schlug. Da liess der Kleinjenni dem Aschill halt seinen Willen. Führte ihn den ganzen Weg zurück und um den grossen Wald herum dem Weiler zu. Der Morgen dämmerte schon, wo sie zu den paar Hütten kamen. Einiges Volch[416] war dort zusammengelaufen. Der Postbote erzählte schnaufend, man habe einen Toten im Wald gefunden, auf der grossen Kreuzung: Raubmord.

---

[415] Speichellache

[416] Volk

Das bröchelige[417] Pulver

Es ist später Namitag; wir stehen vor einem zwölfstöckigen Grauen aus abbröckelndem Beton. Die Fassade geschwärzt, als wäre der Kasten schon mehrmals ausgebrannt, unter den Fensterlöchern hat es dicke, gelbe Kalkknubel[418] wie in einer Schissi[419], wo niemand putzt. In nichts oder doch fast nichts unterscheidet sich dieser Block, dieses Wohnsilo, von den sieben anderen, wo da hinter dem Autobahnausleger in der Agglo-Brache stecken. Kahle Herdhubel. Bauschutt mit Gjätt[420]. In der Luft, trotz Lärmschutzwand, ein Gedröhn, dass man das eigene Wort nicht versteht; es stinkt nach Abgas, Metallstaub und Kanalisation – die moderne Architektur, könnten wir jetzt ausrufen, die ist also schon eine bodenlose Frechheit.

Nur, wir sind ja nicht hierhergekommen, an den Rand von Thun, um uns über den Bankrott im europäischen Städtebau am Ende des zweiten Jahrtausends auszulassen. Wir stehen bloss deshalb vor Block 21c, Autobahnstrass, weil hier eben der Fieder hausen soll, im Verschlag 66/Z. Eine schöne Haustür hat er also nicht gerade. Das Rauchglas gesprungen, mit Neongrün hat einer darauf geschpreit: »Fick, fick, mein Sack

[417] bröckelige

[418] Kalkbeulen

[419] Klo

[420] Unkraut

ist dick!« Über einen abgetschiirgeten[421] Läufer geht es zum Lift. Was das wohl bedeuten soll, was da einer in der Kabine auf die nikotingelbe Blümlitapete gekritzelt hat: »I was a teenage Zappadoing«? Sechster Stock. Ein Gang wie ein langer, dunkler Schlauch; alle paar Meter ein Türloch, aus dem es nach Brattfett oder kaltem Äschenbecher[422] stinkt. Vor 66/Z steht schon einer. Tschiinsjäggli[423], Schmuddelhaar, darunter ein bleicher Schweissgrind. »Fieder!«, klopft er an die Tür, hinter der schwach so ein Brabbeln zu hören ist und alle paar Sekunden, wie eingeblendet, ein Lachen, wahrscheinlich der Fernseh – keine Reaktion. »Fieder!«, klopft Schmuddelhaar nochmal und bumeret[424] jetzt gegen die Tür. »Da ist der Fögi. Wir hatten eine Abmachung!« – »Öh... üh... F-f-fögi...?« Ein Giiren[425] wie von einem Näscht ist drinnen zu hören. »Ja was, F-f-fögi...? Ja wie, F-f-fögi...? Kenne ich einen F-f-fögi?« – »Fögi, dein Diiler!«, küschelet der Fögi durchs Schlüsselloch. »Jetzt mach schon auf!« – »Ah, Fögi! Ja, wart, ich –« Etwas schlägt dumpf auf hinter der Tür. Es klepft und knirscht, als würde jemand über Plastik- und Kartonschachteln stägeren. »Scheissmüll da, überall im Weg. – Wart, Fögi, wart, mein Freund, ich komme!« Klonk! Als wäre eine Flasche umgekippt. Und ratsch!, hört man in dem Verschlag statt des lei-

---

[421] ausgetretenen

[422] Aschenbecher

[423] Jeansjacke

[424] schlägt dumpf

[425] Quietschen

sen, unverständlichen Gebrabbels plötzlich ein durchdringendes, monotones Rauschen. Wieder knarzt und kräschelt es, wo sich im Innern offenbar etwas seinen Weg zum Türloch bahnt. Es geht auf. Aber nur einen Spalt, aus dem ein aufgerissener Küdersack[426] und ein paar Kleiderhudeln quillen. Eine Klaue streckt sich durch den Spalt, die Nägel wüst gelb und schwarz, und mostet[427] das Zeug wieder hinter den Türrahmen zurück. So, jetzt geht es richtig auf, das Loch. Alles dunkel. Links im Ecken, auf einem Komödli[428], der Fernseh, wo grau-weiss rauscht, schneit. Schwach beleuchtet er das Näscht und den Kleiderhaufen, der, vom Näscht herunter, in einen Berg aus Säcken, Zeitungen und Flaschen übergeht. Eine Gesicht schiebt sich davor. – Was, das soll der Fieder sein? Der Typ, von irgendwie schwammiger Konsistenz, sieht ja fast genau gleich aus wie der Fögi, auch so ein kreidenweisser, unrasierter Schweissgrind, höchstens die Haarzotteln darumherum womöglich noch einen Ziemen[429] schmusliger[430]. »Sorry«, sagt der Fieder, »dass ich nicht gleich geschaltet habe«, wo er dem Fögi jetzt mit beiden Armen etwas härenstreckt[431]. »Aber Fögi ist ja auch wirklich ein komischer Name, oder?« – »Ja Fieder etwa nicht?«, meint der Fögi. Er packt, was ihm der Fieder

---

[426] Abfallsack

[427] drückt, presst

[428] kleinen Kommode

[429] ein Stück

[430] schmuddliger

[431] hinstreckt

härenstreckt. Aber – das ist ja ein Videorekorder! Der Fieder, der bekommt dafür ein Plastiksäckli, so mit einem braunen, bröcheligen Pulver. Da muss ja einiges gegangen sein, mit dem Fieder, seit wir ihn das letzte Mal gesehen haben, vor neun Jahren noch im Sundergrund!

Vor allem ist eben gegangen, dass das braune, bröchelige Pulver auf den Fieder gekommen ist, der Braun Schuger. Und im ersten Moment, da dünkt es den Fieder jetzt zwar schon sauhart, dass er dem Fögi sein Video geben musste, damit der ihm vom Schuger bringt. Oh, kann er ja gar nicht mehr schön den Edi Möörfi lugen, Tag und Nacht, wann immer es ihm gerade passt! Wäre das denn nicht sein Mönschenrecht? Ziemlich geknickt tut der Fieder den Schuger für einmal in den Esslöffel bröchelen[432]. Heizt dann, fast lustlos, unten mit dem Füüri[433] und zieht das Söössi[434] durch einen Zigarettenfilter in die Pumpi auf.

Indes, wo die Pumpi dann einmal in seiner Vene im Armbögli steckt, da tätscht[435] es ihm wie eine Sicherung, und da weiss er dann sofort wieder, dass der Schuger tausendmal das Video wert ist. Weil zack!, als hätte der Blitz eingeschlagen, ist er jetzt praktisch sein eigeter Edi Möörfi, und statt dass er nur ein Video lugt, ist er gleich selber mit in dem Video drin. Traa-raa!

---

[432] bröckeln

[433] Feuerzeug

[434] Sauce

[435] hier: geht kaputt

Ein auftrumpfendes Orchestermüsigli[436] heisst ihn willkommen, und dann ist es wie ein Bad aus Licht und Wärmi, wo ihn anstrahlt, vielleicht das Signet vom Twenti Sentschäri Fox. Jedenfalls ist sein Ranzen[437] ein einziger Kokon des Wohlgefühls. Er kann förmlich spüren, wie ihm oben auf dem Grind eine dicke, kruslige Afromatte wächst, wie seine Haut immer dünkler wird, immer edi-möörfriger. Und da entdeckt er jetzt übrigens auch, dass er gar nicht verkrümmt auf dem Näscht liegt, in dem Pischi[438] mit den Brandlöchern und vor sich die Glotze mit dem grau-weissen Kräschlibild[439], nein, eine Scheesloog ist das, wo er sich lässig hingeflätzt hat, mit einem seidigen Leopardenmänteli um die Schultern, und vor ihm ist ein Kemi, in dem heimelig ein Kemifüür[440] glimmt. Ah, er ist eben schon der geilste Edi Möörfi!, sagt sich der Edi Fieder Möörfi, wobei er sich wohlig streckt. Ein Edi Möörfi, wo es sich gut gehen lässt. Ein Edi Möörfi, wo auch mal eine gute Prise reinzieht, wenn es sich gerade so ergibt. Stundenlang könnte er jetzt einfach so den Lichtzüngli[441] zuschauen, wie sie da, von der Kemiglotze her, hell und warm den Küdersack neben ihm streicheln, den ausgeleerten Äschenbecher, ja auch das Silberfischli, wo davor im Staub und in der Äsche her-

---

[436] (kleine) Orchestermusik

[437] Bauch

[438] Pyjama

[439] rauschenden Bild

[440] Kaminfeuer

[441] kleinen Lichtzungen

umkräsmet[442]. »Grüss mir dann Freund Kellerassel!«, ruft der Fieder dem Silberfischli zu. Er setzt jetzt noch die Sonnenbrille auf. Da ist er dann direkt schon der Edi Möörfi im Quadrat.

Und das ist jetzt natürlich auch gut, dass es dem Fieder als Edi Möörfi so gut geht, einerseits für die Mönschen, weil die sind ja immer viel fröhlicher, wenn er vom Pulver in der Blutbahn hat, und andererseits aber auch für ihn selber, weil da kann er dann natürlich auch umso guter schnuren in der Halle 18. Jesses, es ist ja schon fast Zeit! Der Fieder, der hat eben heute fast so etwas wie ein Raadewuu in der Halle. Er kniepet jetzt auf[443], nuuschet[444] in den Hudeln auf dem Näscht, dann in den Hudeln am Boden herum. Iiih! Hat er denn nicht noch ein anderes Jäggli? An dem, da kleben ja noch vertrocknete Nüdeli[445] dran. Und überhaupt: Wo ist denn jetzt eigentlich wieder sein zweiter Schühlu[446], in all dem Puff[447]?

Das Raadewuu oder Fast-Raadewuu, das hat sich für den Fieder am letzten Gassenznacht ergeben – und ist eigentlich mehr ein Gottesdienst, der Gottesdienst nämlich, wo der Pastor Tschonn jeden Mänti[448] in einer Halle von der alten Munitionsfabrik macht:

---

442 herumkrabbelt

443 müht sich jetzt auf

444 wühlt

445 Nudeln

446 Schuh

447 Unordnung

448 Montag

krischtlicher Rock, jeder brümelet vor der Gemeinde ein Bekenntnis zu Tschiises, dann gibt es noch ein Fresspäckli[449]. Zum Glück hat der Pastor Tschonn aber auch noch eine Tochter, und an der liegt es eben, dass der Fieder glaubt, er gehe nicht nur an einen Gottesdienst, sondern fastgar an ein Raadewuu. Was für ein Schüssi[450]! Sie war es, wo beim letzten Gassenznacht geschöpft hat, hinter dem mobilen Fressbudeli[451]. Zwar schon so in komischen Sektenhudeln, so in einem Jutesack und das Haar zu einem Büürzi[452] – aber wie das Haar, wie das Büürzi glänzte! Und wie vor allem die Honigaugen, unter dem Haar, unter dem Büürzi, so goldig glänzten! Dem Fieder, dem ging grad wie ein Öfelikassettli an in seinem Herzkistli. Und weil es sich begab, dass der Edi Möörfi auch zu der Zeit stark in ihm war, da musste er sie einfach anquatschen.

»Salü du, du bist dann eine Schnusige[453]!«

»Öh… ja. Willst du Würst oder Ghackets[454]?«

Zugegeben, zunächst lief es noch etwas harzig. Wahrscheinlich hatte sie einfach Mühe, auf Anhieb den Edi Möörfi in ihm erkennen zu können. Aber immerhin brachte er in Erfahrung, dass sie Maria Magdalena Jungfrau hiess und eben die Tochter vom Pastor Tschonn war, wo nebenan die Würste brätelte[455] und

[449] Fresspaket

[450] attraktives Mädchen

[451] Imbissstand

[452] Knoten

[453] Schnucklige

[454] Hackfleisch

[455] briet

ihn auch gleich für heute Abend in die Halle einlud. »Da hat es fätzige[456] Musig[457], das rockt!«, winkte der Pastor Tschonn dem Fieder mit dem Bratspiess zu. Und der Fieder, der ahnte da jetzt natürlich auch so langsam das Stemmeisen, wo er das Herzlein von der goldigen Maria Magdalena vielleicht damit aufstemmen könnte.

»Ich war ja früher in einer krischtlichen Rockbänd. Ich habe den Bass gezupft bei den *Halleluja Braders*. Aber leider kamen dann die Drögs.«

»Ah… öu. Das ist aber nicht gut.«

»Eh, weisst du, ich sage mir: Tschiises hat ja auch gelitten. Und wer weiss, wenn er heute käme, vielleicht wäre er da ja selber ein Drögeler[458].«

Die Maria Magdalena, die schaute ihn da zum ersten Mal an. Ich meine, so richtig an, dass es ihn fast ausgehoben hätte von dem starkhellen Strahl von hinter dem Fressbudeli füren. Beziehungsweise nicht nur fast: Er stürfelte blöd, und zack!, fand er sich plötzlich tatsächlich vor dem Budeli auf dem Boden – das halbe Ghackete und einen Berg Nüdeli quer über Jäggli, Haarbusch und Grind. Wobei, das Malöör, das kam ihm dann sogar zugut, weil schon nahte sich der Glanz von einem Büürzi; kurz später wischte ihm die leibhaftige Maria mit einem alten Hudel die gröbste Sauerei links ab dem Grind! »Wohl«, stiess sie hervor, »dir täte es wirklich gut, einmal in einen Gottesdienst zu kom-

---

[456] fetzige

[457] Musik

[458] Drogensüchtiger

men!« – ›Da lag ich ja goldrichtig, mit dem krischtlichen Rock!‹, freute sich der Fieder. Und hielt der Maria noch die andere Backe hin.

So, unterdessen hat sich der Fieder ausstaffiert. Für oben hat er einen braunen Wollpulli genommen, wo allerdings ganz ausgeleiert ist und ihm bis über die Knöi hängt, auch müffelt er ziemlich stark; unten trägt er zum zerschlissenen linken Turnschuh jetzt rechts halt einen Sandal. Er hat keine Ahnung, von wem der Sandal sein könnte. Hat er den vielleicht mal noch als Werbegeschenk bekommen, damals noch in der Stifti[459], beim Schuhhaus Krattiger? Er ripst[460] ein bisschen, hinten an der Ferse, aber geht sonst eigentlich ganz gut. Ah, jetzt das Wichtigste nicht noch vergessen! Der Fieder, in seiner braunen Büsserkutte, grübelt[461] noch einmal in dem Gerümpel am Boden herum. Poing! Schlägt er mit dem Füdeln an die Spüli[462] im Ecken an, dass das ganze dreckige Geschirr daherkäit[463]. »Ah, da ist es ja!«, fischt er etwas zwischen zwei Küdersäcken füren. Mit dem Ermel[464] ribbelt er die gröbsten Staubfuseln[465] ab – ein Schaf. Ein kleines Stoffschaf kommt zum Vorschein. Aber ganz verdreckt. Und das linke Auge fehlt ihm auch. Oh. Schon wo es der Fieder

---

[459] Lehre

[460] scheuert

[461] fingert

[462] Spülbecken

[463] umfällt, herunterfällt

[464] Ärmel

[465] Staubflusen

fand, halb in einem Strassengully drin, sah es ziemlich mitgenommen aus. Die Maria, sagt sich der Fieder, die muss halt jetzt einfach umso mehr merken, dass es von Herzen kommt.

Der Fieder, der schreisst den Türsaren[466] zurück. Dreht den Schlüssel im Schloss. Er zirpet die Filmmusig vom Bewerli Hills Kopp nach: »Pim-pim-pimpirimpimpim-pim-pim-pimpirimpimpim-pim-pim-pim-pirimpirim-pim-piiim!«

Eigentlich war es ja einfach ein blöder Zufall, wie der Fieder auf das bröchelige Pulver gekommen ist. Er war damals grad frisch in der Stifti beim Krattiger, war jetzt auch in der Liebi besser aufgeklärt und hatte sich wenigstens im weiteren Bekanntenkreis vom Schmus ein bisschen festsetzen können. Es grüsste ihn, wenn es ihn sah, das Schmus. Ab und zu durfte er ihm ein Video auslehnen. Manchmal waren sie beide dabei, wenn die Töffliklicke vom Tal am Samsti Nami zum Restoräntli im Schwefelbergbad heraufkurvte. Das heisst, er selber, er musste ja oft stossen in den stotzigen Kehren, weil er mit der alten Mistbänne[467] vom Schlufi unterwegs war. So fies! Monatelang hatte er sein Stiftenlöhndli[468] eisern gespart, fast nur noch Videos vom Fernseh aufgenommen, fast keine mehr beim Wäfler oben ausgelehnt, bis er es endlich vermocht hatte[469], das neue

---

[466] Türriegel

[467] Jauchekarre

[468] Lehrlingslöhnchen

[469] sich leisten konnte

Puch Maxi, schön schwarz, mit goldigen Streifen – aber da nimmt ihm der Schlufi das einfach weg! Schreisst ihm den Lenker aus der Hand. Drückt ihn vom Sitz herunter. Und räuet[470] etwas von er könne froh sein, wenn er ihm die alte Rostbütti[471] lasse, ohne dass er noch etwas dafür verlange. Über Nacht, da bschliisst er das Maxi in den früheren Söistau[472] ein, wo nur er den Schlüssel dazu hat. Zum Grosi grunzt er: »Eh, der Jung, jetzt, wo er ein Löhndli hat, da muss er denk auch zeisen[473] für Kost und Loschi!«

Wenn die ungeliebte Töfflimore dann schon in den ersten Kehren nach Schwenden aufen zu kochen begann und aus dem Auspuff schoss, wenn sie, etwas weiter, nach einem letzten, quietschenden Aufbäumen, endgültig in einer Qualmwolke absoff – ja, da hatte der Fieder an so einem Samsti Nami beim Stossen dann natürlich lange Zeit, sich zum Beispiel zu überlegen, ob er das Schmus mittlerweile nicht eher »Schmies« oder sogar »Schmiest« nennen müsste, weil es ja jetzt auch in einer Stifti war. Für gewöhnlich brachen die andern fast schon wieder auf, bis er endlich auch beim Restoräntli oben anlangte, verschwitzt, erlächnet[474] und den Grind voller Russ. Hoho! Da hiess es dann erst einmal eine Viertelstunde lang: »Unser Neger ist da!« Oder:

---

[470] sagt, eigentlich nagt

[471] Rostschüssel

[472] Saustall

[473] Zins bezahlen

[474] erschöpft

»Du sag einist[475], bist du jetzt Kemifeger?« – Trotzdem, wenn man ihn dann ein bisschen in Ruhe liess, wenn vor ihm ein schönes Panaasch[476] stand und er vielleicht noch dazu einen mitleidigen Blick vom Schmus oder Schmies erhaschen konnte, da fühlte der Fieder doch fast so etwas wie Glück.

Nur am einen Nami, Spätnami war dann alles irgendwie komisch. Der Fieder, der erschien später als je beim Restorläntli – wahrscheinlich ein Kolbenfresser unterwegs, er hatte da etwas herumgegrübelt und darum jetzt auch noch die Händ voll Karrenschmieri[477] –, aber alle Sprüch deswegen blieben aus. Nix Neger, nix Kemifeger. Alle Augen starrten nur das Schmus an, wo ganz bleich dahockete, als einziges mit Sonnenbrille, und viel schnützte. Der Fränä, neben ihm, der tröstete es nicht etwa, obwohl er doch mit ihm ging, sondern machte nur einen sauren Grind. Einmal setzte das Schmus die Sonnenbrille kurz ab. Seine Augen waren rot-blau verquollene Schlitze.

»Die hat eine Nase genommen, die Tante, oder ich fress einen Besen!«, meinte der Jöggu später gepresst, wo er mit dem Fieder hinter einem Gebüsch einen Johannes rauchte und gerade stark daran sog. Und auch der Mäsä, wo bald dazukam, schwor Stein und Bein, dass die Ändlä seit Neustem wüst am Schniffen[478]

---

[475] einmal

[476] Bier mit Zitronenlimonade

[477] Wagenschmiere

[478] Sniffen

sei. »Üh, wüst! Und dann wird sie total spitz[479] – mit dem Diiler hat sie gleich rumgemacht, deshalb grännet sie jetzt da so vor dem Fränä rum.« Die Guuge[480] kam zum Fieder. Und wo der jetzt selber tief daran sog, nuckelte, sah er plötzlich so Bilder, wie er dem Schmus gar kein Video vertlehnt, sondern ein Säckchen mit Pulver gibt – – Er beschloss jedenfalls, einmal mit dem Rönee zu reden, seinem Kolleg in der Berufschul.

»Ja sicher habe ich Stoff, 1-A-Eitsch[481], steig nur auf«, sagte der Rönee am nächsten Abend vor der Berufschul, durch sein getöntes Visier. Ein Einsneunzig-Fetzen in Hewi-Metel-Kluft, hockete er bereits auf seiner 600er-Dugati, packte kurzentschlossen den Fieder und stopfte ihn sich hinter den breiten Rücken. Die Nase an den Rückenaufnäher vom Rönee gedrückt, auf dem es feuerrot *Hell awaits* hiess, bütterte[482] der Fieder so mit dem Rönee zum Rönee heim. Zuerst ging es im Rönee sein Zimmer. Da musste der Fieder *Hell awaits* auch noch losen und zulugen, wie der Rönee seine schwarze Mähne dazu schwang. Es dauerte endlos, bis er dann doch endlich einen sturmen Grind hatte, der Rönee, und sagte: »So, jetzt zum Bisness – aber das ist zu gefährlich hier. Meine Müete kann allpott hereinkommen.« Er führte den Fieder in die Wöschkuchi[483]

---

[479] geil

[480] Joint

[481] 1-A-Heroin

[482] ratterte

[483] Waschküche

herunter. Nahm die zweihundert Krött[484] und gefäterlete[485] dann, mit dem Rücken zum Fieder, irgendetwas auf der Wöschmaschine herum. »Ah, was für ein Flääsch!«, machte er plötzlich. Drehte sich zum Fieder um, ein bräunliches Pulver um das linke Nasenloch, und hielt ihm einen gerollten Zwanziger hin: »Jetzt du, ich habe dir auch eine Läin gelegt, zum Probieren.« – »Ah-aha?« Der Fieder war ganz überrumpelt. »Schnell, mach schon, sonst kommt meine Müete!«, drängte ihn der Rönee. Da nahm der Fieder dann halt das Röhrli – und ab mit dem Zeug in den Zinggen[486].

Die Nacht körbelte[487] der Fieder wie ein Gerbihund[488]. Aber am nächsten Abend, da hatte es noch immer reichlich Pulver in dem Säckli, wo ihm der Rönee gegeben hatte. Und das Gefühl, jetzt abgesehen vom Reihern, das war eben schon geil gewesen, alles so schön und warm und heimelig, ich möchte bal sagen wie Video lugen, Öfelikassettli losen und das Mami, wo etwas flötelt, zusammen. Auf all Fäll, wo der Fieder das Schmus dann das nächste Mal sah, da war das Säckli leer – und er wäre froh gewesen, wenn es ihm etwas spendiert hätte. Mittlerweile hat er es ein bisschen aus den Augen verloren. Schade eigentlich. Aber das Schmus, das war dann eben auch gar nicht auf dem Pulver. An jenem Spätnami, im Restorántli vom

---

484 hier: Franken

485 hantierte

486 Zinken, Nase

487 erbrach sich

488 Hund eines Gerbers

Schwefelbergbad, da war nur sein Meersäuli[489] frisch gestorben – und der Fränä hatte sich aufgeregt, weil es deswegen derenwegen[490] prieggete.

Pimpirim-pim-pim! Wo der Fieder jetzt von der Halle heimkommt, ist er freilich noch so froh, hat er das Grännen vom Schmus damals ganz falsch verstanden. Es ist ihm nämlich, dank der starken Kraft vom Schuger, wo den Edi Möörfi gross in ihm aufgeblasen hat, wirklich super geloffen[491] in der Halle, ja viel süperer, als es eigentlich hätte laufen dürfen, und jedenfalls in kurz: Er steht jetzt auch gar nicht allein vor seinem Türloch und nuuschet unter seiner Wollkutte nach dem Schlüssel, nein, neben ihm, da ist auch noch so ein stark goldiger Glanz – die einzig wahre Maria M. Jungfrau stützt ihn rechts am Ärmli, wo er den Scheichen etwas angezogen hat!

Da wird unser Fieder jetzt doch etwas zittrig. Obwohl er wacker den Bewerli Hills Kopp pfeift. Gopf, sonst muss er doch eigentlich vor gar nichts mehr zittern, nicht einmal mehr vor dem Schlufi, seit er den Schuger kennt und wenn er vom Schuger hat – warum zuckt ihm denn ausgerechnet jetzt die Hand so unberechenbar nach rechts und links, wenn er, die Maria Magdalena im Rücken, mit dem Schlüsselbart in den Schlosskasten will? Er muss mehrmals anvisieren, bis er trifft. Er schwitzt auch ziemlich stark. »Eh, also bitte

---

489 Meerschweinchen

490 derart

491 gelaufen

nicht erklüpfen, gell… Ich habe eben schon ein rechtes Gestoor[492]«, räuspert er sich und drückt auf die Türfalle[493]. »Aber heisst es nicht schon in Schubidu 19,1: Der Mann aber, der hauset ohne Weib – ein Gräuel ist er dem Herrn, weil seine Einzimmerwohnung ist dreckig?«

»Schubi-?«

»Au!« Der Fieder tut, als würde ihm ein höllischer Schmerz in den rechten Füssu fahren, und gibt gleichzeitig Vorlage, so dass ihm die Maria blindlings in die Fisteri[494] von seinem Puff nachruckeln muss, wenn sie nicht will, dass es ihn gottlos auf den Ranzen schnetzelt[495]. Sie will es nicht, gottlob, auch wenn es ziemlich trastet[496]. Der Fieder, der nutzt die Vorlage schnell, um, im Schimmer von der Maria ihrem Büürzi, einen Hudelhaufen und ein paar Säck wegzudrücken. Damit es wenigstens halbwegs ein Wegli gibt zum Näscht, zu dem er das Fräulein Jungfrau halb zieht, halb sich von ihm schleppen lässt. »Tut es denn noch sehr weh?«, fragt es, wo sie im Dunkeln nebeneinander auf die Näschtkante plumpsen.

Wie schon beim Gassenznacht, da hatte der Fieder eben auch in der Halle wieder ein kleines Malöör. Aber wie schon beim Gassenznacht, da meinte es auch die-

---

[492] Unordnung

[493] Türklinke

[494] Finsternis

[495] auf die Schnauze wirft

[496] stinkt

ses Malöör, zweifellos dank dem Edi Möörfi, im Grund genommen gut mit ihm, weil es brachte ihn erst so richtig mit der Goldmaria zusammen. He ja, er stand da in der Halle grad am Mik[497], auf der Holzrampi, wo sie tagsüber rollbretteln tun. Liess vor dem Grüppli Stündeler[498] und Ruedi-Steiner-Schüler[499] sein Bekenntnis zu Tschiises ab. »Tschiises, ich will nicht mehr illegal in das Methi[500] von der Abgab[501] dreinfixen[502]!«, gab ihm der Edi Möörfi ein zu mööggen. »Tschiises, ich will auch nicht mehr die käiben[503] Tablettli fressen, die Tocki[504], wo ich dann nur noch schnaaggen kann, weil ich mir sonst überall blaue Mösen schlage!« Und der Fieder, der wollte jetzt eigentlich auch noch von seiner Mühi[505] mit dem Wohnen brichten[506], davon, dass er fast ein bisschen Angst habe, selbständig zu wohnen; er spienzelte[507] unter dem Grüppli nach dem Glanz von einem Büürzi; er hatte schon auf der Zunge zu sagen, dass er da schon einmal froh wäre für ein bisschen eine Anlei- aber da rief plötzlich einer:

---

[497] Mikrophon

[498] Frömmler, Betbrüder

[499] Rudolf-Steiner-Schüler

[500] Methadon, Heroinersatz

[501] staatliche Drogenabgabestelle

[502] (mit Heroin) hineinspritzen

[503] verflixten

[504] Methaqualon, ein Schlafmittel, das in der Schweiz bis 2004 unter dem Namen Toquilone verkauft wurde

[505] Mühe

[506] erzählen, reden

[507] hielt Ausschau

»Ih, der blütet[508] ja!« Der Fieder schaut an sich herunter: Jesses, da süderet[509] es ja rot hinten aus seinem Sandal, ein kleines Glünggli[510] hat es schon, ein kleines Bächli läuft schon die Rampi aben! Er war dann wohl länger ohnmächtig. Das nächste, wo er sieht, ist ein Sani, ein blutiges Glasscherbi[511] in der Hand. »Das da«, sagt der Sani, »das steckte in deinem Fuss. Warst du denn eigentlich zu[512] wie ein Scheisshaus, dass du das nicht merkst?« Irgendjemand klemmte sich den Fieder dann unter den Arm. Half ihm, heim an die Autobahnstrass zu himpen. Erst eingangs von der Autobahnstrass merkt er, dass es da unter dem violetten Sackkleid neben ihm, dass es da unter der Kopftuchkapuze ja ganz goldig glänzt!

»Nein«, sagt der Fieder jetzt in der Fisteri auf der Näschtkante zur Maria Magdalena, »mein Füssu tut mir nicht mehr so weh – weil du bist ja da.« Er macht das Nachttischlämpi an, auf dem Komödli neben dem Fernseh. Schlagartig wird die Maria kreidenweiss. Das Gold fällt ab wie Staub von ihr. »Wohl«, stottert sie unter ihrer Kapuze, »jetzt weiss ich glaub[513], wie du das gemeint hast: Du hättest Angst vorm Wohnen…«

---

[508] blutet

[509] tröpfelt

[510] Pfütze

[511] Glasscherbe

[512] voll, berauscht

[513] verkürzt für: glaube ich

»Eh ja, vielleicht verdaust du das jetzt am besten erst einmal ein bisschen, he?«, meint der Fieder, der sich schon etwas schiniert[514]. »Ich habe eben eh gerade so einen Druck…« Er stemmt sich von der Näschtkante auf, tschalpet[515] über aufgeschrissene Güetzi-[516] und Pizzapackungen, versucht, sein rechtes Scheichli, wo er etwas nachschleift, über einen Stapel verschmierter Teller und Videos zu hieven, wobei er den Stapel umwirft, und hat dann also echt Knörz[517], die Schissitür aufzubekommen, weil ein Berg Dreckhudeln im Ecken stark dagegendrückt. »Sorry, gell, es kann etwas länger dauern«, ruft der Fieder. »Aber ich kann eben nicht so gut biseln[518], wenn jemand in der Nächi[519] ist. Ich lass einfach die Tür einen Spalt auf, dann können wir trotzdem brichten. Und, ah ja, nimm dir ruhig etwas zu trinken!«

Die Maria sieht, dass ein paar Tassli vor der Spüli am Boden liegen, einige verbrochen[520], andere mit braunen und grünen Flären[521] drauf. »Danke, bin nicht durstig!«, ruft sie etwas krächzend. Er ist also schon ein Gusi, dieser Fieder, denkt sie bei sich. Zum Beispiel auch grad hier, neben dem Näscht: braune Underhosen, darüber der Aschenbecher ausgeleert, und

---

514 schämt

515 trampelt

516 Keks-

517 Mühe

518 pinkeln

519 Nähe

520 zerbrochen

521 Flecken

obendrauf noch ein angegessenes Joghurt, noch mit dem Löffel drin! Was hat sie nur geritten, dass sie mit dem mit in seine Budä ist? Sie will nur noch weg. Hoffentlich hat der bald einmal gebrunzt, dass sie ihm tschou[522] sagen kann. Was ist denn das für ein Foto, da unter dem Nachttischlämpi?

Das Foto ist an den Fuss vom Lämpi angelehnt. Fräulein Jungfrau muss erst Spinnhuppelen[523] und Staubwürst wegblasen, damit es sieht, was darauf ist: ein dicklicher Typ, etwa in seinem Alter, ein richtiges Pumi[524]. Er hat einen grauen Küngel im Arm und ein lustiges Lachen im Gesicht. »Es ist einfach gefährlich, wenn ich zum Beispiel ein leeres Büxli vom Näscht aus auf den Boden schiesse[525]«, verzellt der Fieder von hinter der Schissitür gerade. »Ich merke dann, dass mich das gar nicht stört – und schiesse auch alles andere auf den Boden.« Die Maria Magdalena, die hebt[526] das verstaubte Foto unterdessen zwischen zwei Fingerspitzen. Krakelig, mit blauem Kugeler[527], heisst es hinten drauf: »Ich tue jetzt wieder gut zu Küngeln.« – »Du«, ruft sie, »was ist denn das für einer, da mit dem Küngel auf dem Foto?« – »Uh«, macht es von der Schissi. Ein Klicken wie von einem Feuerzeug. Ja raucht denn der sogar, wenn er auf dem Hüsli hockt? »Das wird dann

---

522 tschüss

523 Spinnweben

524 Pummelchen

525 hier: schmeisse

526 hier: hält

527 Kugelschreiber

wohl mein Brüetsch[528] sein, der Höhn… Es geht ihm eben nicht so gut, dem Höhn.«

Es folgen zehn Minuten Krutzlihüttlikunde. Die Maria, wo beim Küngel-Foto kurzzeitig zart honiggelb aufglimmte, fällt wieder ganz ins Kreidenweiss zurück, ins Matt-Gipsige, wie da so eine Statue von irgendeinem Miggelanschelo. »Jedenfalls, der Höhn, der ist halt auf seine Art mit all dem nicht zurechtgekommen«, tönt der Fieder von der Schissi. »Erst die Monstertockeln und immer fürchterlichere Video. Dann auch noch diese Heftli da vom Bahnhofkiosk, mit Totenköpf und Lindwürm drauf. Ab Vierzähni[529] redete er eigentlich überhaupt nur noch vom ›grässlichen Chülüü‹ und vom ›verderbenbringenden Uaa-Kum-Kraa‹, so zwei riesigen, schleimigen Quallen von irgendwo hinter dem Hundsstern – wo aber ausgerechnet im Kirrel, unter dem Grundbrüggli ihren giftigen Laich ausbringen wollten! Der Lehrer Fringeli, der bekam einen Heulkrampf, wo er einmal einen freien Aufsatz vom Höhn korrigierte. Mein Peer haute ihm einfach viel einen. Raunzte ihn an, er solle da nicht blöd Säinsfiggschn schwafeln.

An einem Sunnti[530] Morgen, wir wollten das Mami in Münsigen besuchen, fanden wir ihn dann vor dem Schopf[531] beim Sagibock[532]. Er hatte Spatzenfedern in

[528] Bruder

[529] vierzehn Jahren

[530] Sonntag

[531] Schuppen

[532] Sägebock

den Haaren und sich rote Streifen ins Gesicht gemalt. Mit dem Bieli in der Hand hopste er um den Sagibock herum und mööggete immer wieder etwas wie: ›Iäh! Schwrznggr! Uaa-Kum-Kraa!‹ Erst, wo wir etwas zuchen[533] waren, sahen wir, dass er auf den Bock den Wini gebunden hatte, eigentlich sein Lieblingsküngel. Im weissen Fell schimmerte rot so etwas wie ein umgedrehter U, aus dem unten drei Wellenlinien rannen.

Es sei das Zeichen des Uaa-Kum-Kraa, soll der Höhn später dem Psychi[534] verzapft haben. Er ist jetzt auch schon das fünfte Jahr in Münsigen, wenn auch nur noch auf der halb Geschlossenen, nicht mehr auf der ganz Geschlossenen wie das Mami. Immerhin, mittlerweile ist er ziemlich gut im Korbnen[535]. Und er kümmert sich um die Küngel im Streichelzoo. Irgendwo in meinem Puff müsste eigentlich noch ein Brotkörbli sein, wo er in der Beschäftigungstherapie mal gemacht hat…«

Der Maria Magdalena ist das Foto vom Höhn entfallen. Es liegt jetzt auch im Dreck, neben ihrem Schuh zwischen Zigistummeln[536] und einer leeren Bewerli-Hills-Kopp-Hülle. »Ja, eh, da ist es ja gut, dass du jetzt in die Halle kommst…«, ruft sie, mit etwas kratziger Stimme. Der Fieder, der tut ihr jetzt vor allem leid. Mit so einem Brüetsch und in so einem Gestoor. Oh, und

[533] näher

[534] Psychiater

[535] Korbflechten

[536] Zigarettenstummeln

dann schenkt er ihr sogar noch ein kleines Stoffschaf! Auch wenn ihm ein Auge fehlt, auch wenn es grauenhaft stinkt, geht ihr das jetzt doch ans Herz. Sagt nicht auch ihr Mami immer, Mannen seien einfach Säuli, wenn keine rechte Frau zu ihnen lugt?

Das Fräulein Jungfrau richtet sich etwas auf. Es versucht, sich im Spiegel von der matten Fernsehröhre zu betrachten, was aber gar nicht so einfach ist, bei all den Staub- und Fettschlieren darauf. Ein komisches Pfuupfen[537] von der Schissi. Was der wohl noch immer gefäterlet auf dem Hüsli? Die Backen, auf dem vertaargeten[538] Glas, jetzt wieder mit einem leisen Schimmer. Darunter, im Kapuzenausschnitt, das Kreuzkötteli[539], zwischen den – ja halt, war das jetzt etwa ein Deo, da das komische Pfuupfen? Macht sich der Fieder, macht der sich am Endi zwäg[540] für sie? Ja, meint denn der, er könne –

In der Halle, wo er geblütet hat, da hat es die Maria Magdalena zwar schon kurz so halb heilig angetschuderet[541]. Für einen Moment sah sie den Fieder, wie im Widerschein von einem Blitz, eingetaucht in ein gross Schicksal. Freilich, jetzt da mit der Morerei[542], gruusig, da kann er es natürlich vergessen, dass sie seinen Spöifer[543] auf der Backe will, potz Heiligenbeck! Sie beugt

---

537 Puffen

538 verschmierten

539 Kreuzkettchen

540 zurecht

541 angeschauert

542 Sauerei

543 Spucke

sich etwas vor. Gut, wenn er jetzt ganz gut schmöcken täte… Sie streift die Kapuze zurück. In einem schönen Hemmli[544]… Sie greift nach hinten, zu ihrem – zackboing! Der Fieder rummst die Schissitüre auf. Einen Gurt um den Arm, aus der Armbeugi tröpfelt Blut. »Ich habe gedacht, am besten siehst du mich grad mal am Fixen«, lallt er. »He ja, dann weisst du auch grad, wovon ich geschnurt hab in der Halle.«

Der nächste Gottesdienst, in der Halle, wird für den Fieder dann etwas traurig. Sie lassen ihn gar nicht ans Mik; eine ganze Tschuppele[545] um den Pastor Tschonn versperrt ihm vor der Rampi den Weg, rüft ihm »Du Lugihund[546]!« ins Gesicht. »Versprichst vor dem Herrn, nicht mehr zu fixen – und fixt dann aber doch gleich wieder, und noch dazu vor der Maria Magdalena!« Der Fieder, der kann da noch so erklären, dass das denk nur ein ganz normaler Dormi-Knall[547] war. »Eh, von den Dormi, wo ich verschrieben hab! Vom Professor Doktor Zwergli, weil ich doch sonst so schlecht einschlafe. Und verkrüschet[548] und gefixt habe ich das Tablettli ja auch nur, für dass die Maria grad lehren kann, wie das so ist mit einem Drögu[549]!« – Aber mäng Leut[550], die wollen halt einfach nicht losen. Mäng Leut

---

[544] Hemd

[545] Haufe

[546] Lügner

[547] Dormicum-Injektion (ein Schlafmittel)

[548] zermahlen

[549] Drogensüchtigen

[550] manche Leute

haben einfach Mühe mit der Wahrheit. Wo dann etwas Weisses geflogen kommt, weiss der Fieder, dass er nichts mehr ausrichten kann. Er hebt es auf. Oh, sogar gewaschen hat sie es, die Maria, das kleine, einäugige Stoffschaf.

Es sind jetzt nicht so schöne Tage, wo in der Nächsti[551] beim Fieder seinem Bruchbudeli anklopfen tun. Sicher, ein letztes bisschen Stoff hat er noch gerade. Und sogar zu fressen hat er für einmal genug, noch vom Fresspäckli von der Halle nachen[552]. Aber wenn er dann da stundenlang verladen[553] auf dem Näscht plütteret, Güetzi frisst, und irgendein Donald Duck läuft in der Glotze, da will die alte Freude irgendwie doch nicht mehr recht aufkommen, seine alte Video-Edi-Möörfi-Freude. Alles schmöckt irgendwie abgestanden. Schal. Und das hat nicht nur mit dem Gestank zu tun, dem Müffeln nach Schissgagel[554], Rauch und verfaulten Teigwaren, wo wie eine Glocke in seiner finsteren Budä hängt, oder auch damit, dass er seit einem halben Jahr kein Zahnbürstli mehr hat. Das Schaf. Blendend weiss steht das Stoffschaf bei ihm auf dem Komödli, neben dem Fernseh, schaut ihn von dort oben herab an. Und wenn er nur zu lang zurücklugt, in sein eines Auge, da kommen ihm ganz trübe Gedanken. Das Mami sieht er, wie sie sein Siebenjähriges auf der Ge-

---

[551] nächsten Zeit

[552] her

[553] betäubt

[554] Scheissdreck

schlossenen feiern. Kaum ist der Kuchen verdrückt, rasselt der Pfleger schon mit dem Schlüsselbund. Dann beim Höhn, ebenfalls auf der Geschlossenen. Der Fieder, der verzellt ein bisschen von den Tocki – den ganzen Namitag faselt der Höhn nur noch von irgendeinem Monsterkraken vom Jupitermond Titan, wo auch Methaqualon heisse. »Der atmet Furzgas! Die Atmosphäre ist dort aus Furzgas!«, ergelsterte[555] sich der Höhn. Schliesslich der Schlufi. Daheim im Krutzlihüttli, wo der Fieder für den ersten Entzug zusammenpackt. Gopf, warum hat er ihn denn da nicht gebrätscht? Warum kam dem Alten ausgerechnet da das Augenwasser? Dem Fieder, dem fehlt einfach etwas. Etwas, wo doch jeder braucht.

Des Fieders Not wird des Fögis Glück, wo wir ja schon kurz kennengelernt haben. Er ist eben gerade in ein bisschen einer blöden Situation, der Fögi, erklärt er dem Fieder, wo er ihm das nächste Mal ein Säckli Schuger bringt. He ja, bisher, da hat er ja noch bei Vättu und Müete gewohnt, in denen ihrem Reihenhäuschen obenin[556]. Nur gestern Nami, er plegerete nach einem Schuger-Fix[557] gerade schön oben auf seinem Näscht und paffte eine Zigi, da dünkte es ihn plötzlich: ›Öööh, jetzt am besten ein bisschen glotzen gehn…‹ Er drückte die Zigi im Äschenbecher neben

[555] ereiferte

[556] obendrin

[557] Heroin-Schuss

dem Kopfküssi[558] aus. Oder meinte das zumindest. Tapste auf. Die Stege aben, etwas zu budeln[559] holen. »Üüh, bin ich gekäppelet[560]!« Er hat sich erst grad wohnlich eingerichtet vor dem Fernseh in der Stubä, es läuft ein schöner Film über Erdmännchen, da geht das blöde huren[561] Läuti. Mmh, das macht einem ja früsch[562]! Es nützt nichts, dass der Fögi das Läuti auszuhocken versucht, weil es läutet immer wie verrückter. »Ja, ja, ich komme ja!« Es ist der Nachbar: »Bei öich[563] brönnts[564]!« Ja, Kutzenmist[565]! Der Fögi, der wirft dem Nachbar die Tür vor der Nase gleich wieder ins Schloss. Stogelt[566] dann aber, nach kurzem Zögern, doch die Stege hoch. Er schreisst seine Zimmertüre auf – eine Flammenwand faucht ihm entgegen, verschmürzelet[567] ihm die vordersten von seinen Haarzotteln.

Viel war dann da nicht mehr da von dem Häuschen, wo sein Vättu am Abend heimkam. Aber viel braucht der Fögi auch beim Fieder nicht. Er hilft ihm, fünf, sechs Küdersäck vor den Eingang zu schleipfen[568].

---

558 Kopfkissen

559 trinken

560 voll, berauscht

561 verdammte

562 frisch

563 euch

564 brennt es

565 Blödsinn

566 stolpert

567 verbrennt

568 schleppen

Sie graben eine gammlige Matratze halb aus dem überigen Müll. Ein paar Hudeln darauf – schon hat der Fögi wieder ein Näscht.

Und mit dem Fögi, auf seinem Küdernäscht unter der Spüli, da scheint auch wirklich wieder wie ein feines Sonnensträhli in die Fisteri von dem Fieder seinem Loch. Weil wenigstens ist er jetzt nicht mehr allein. Es ist, trotz allem, trotz all seinem Gestoor, doch noch wieder ein Mönsch bei ihm. Üüh, und was für ein Mönsch! Ein ganz ein guter also! Der Fieder, der tut glatt die Store[569] ein bisschen aufen, hinter dem Komödli, damit auch richtig ein wirklicher Sonnenstrahl wieder einmal hereinlugt in seinen Verschlag. Schön gibt ihm der Fögi zum Beispiel immer die Filter von seinen Schuger-Knällen, für dass er die auskochen kann und so auch etwas zum Freuen hat. Und schön legt er manchmal sogar noch ein Messerspitzli Coci[570] obendrauf, wenn der Fieder dafür das Küdernäscht nimmt über Nacht und er, der Fögi, oben auf dem richtigen krösen[571] darf. Der Fieder, der liegt ab da eigentlich nur noch im Dreck unter der Spüli. Sein Küssi ist ein Küdersack. Seine Techi eine Jagge[572] mit Brandlöcher. Um ihn, zwischen Staubnestern, hat es verbrochene Bierfläschli, verbrochene Teetassli und

[569] Rollläden

[570] Kokain

[571] pennen

[572] Jacke

vor allem gebrauchte Fixen[573]. Viel ist auch der Benzo bei ihnen, der Kolleg vom Fögi. Der saget[574] dann, über Nacht, neben dem Fögi oben auf dem Näscht. Er war ja in einer WG, der Benzo. Das heisst, bis er mit dem Läpptop von der WG zum *Speedy Cash* ging. Aber zum Fieder, da ist er also wirklich ganz ein lieber, ein ganz ein flotter[575] Kolleg, dieser Benzo! Auch wenn er Hepa[576] hat. Schön bringt er jeden Mänti und Friti[577] Joghurt. Und schön hat er immer öppen auch ein Tocki für den Fieder im Sack. Üüh, einmal, da füttert er ihn so mit Tockis, da schlägt der Fieder gwüss zwanzigmal in zwei Stunden den Grind oben an der Spüli an, weil er im Flääsch sofort wieder vergisst, dass er ja auf dem Küdernäscht liegt! Wie wenn ihn der Schlufi mal wieder zwischen die Knoden bekommen hätte, sieht er dann da aus, mit all den blauen Mösen, aber er muss auch selber fast darüber lachen.

Ein andermal, gut, da ist es dann schon ein bisschen blöd, dass der Benzo Hepa hat. Der Fieder, der hat sich gerade eine Fixe montiert, aber wo er die Nadel in den Fussrücken sticht, da verstopft ihm die More. Heiteren Fahne[578]! Warum muss das auch immer mir passieren? – »Lug, da hat es noch Nadeln«, fuchtelt der Fögi mit einem leeren Joghurtbecherli herum. »Ein paar sind

[573] Spritzen

[574] sägt

[575] hier: anständiger

[576] Hepatitis

[577] Freitag

[578] Kraftausdruck

von mir, eine auch vom Benzo.« Und was willst du da, in seinem serigen[579] Moment? Da eselst du emel gwüss nicht noch an die Abgab füren[580], für zum Sprützenautomat, für neue Sprützen. Da nimmst du eine auf gut Glück. Weil ahh, sobald es dir das feine Söössi von dem bröcheligen Pulver in das Hirni aufenpumt, da weisst du sowieso, dass du Glück hattest; im Gemüt vom Fieder macht es jedenfalls schon wieder pimpirimpim!

Eines Spätnamis, wo der Fieder im Staub unter der Spüli sein Äuglein aufklappt, ist er dann allerdings ganz allein. Er merkt sofort, dass etwas nicht stimmt. Braucht aber doch noch etwa fünf Minuten, bis er auch herausfindet, wieso: Jesses, das ganze Näscht ist ja weg! Und der Tiiwii ist weg! Und nein, sogar das Komödli steht offen, die werden doch nicht – aber es ist dann wirklich genau so, wie der Fieder befürchtet: Nur noch leere Schachteli liegen vor dem Komödli im Staub, auf denen es *Lima* und *Rocco* heisst, von der Isenbahn[581], wo er vom Mami zum neunten Geburtstag bekam. Eine einzelne Kurve krümmt sich, neben einem Kücksack, um ein verblütetes Nastuch. – Das ist jetzt doch etwas viel, auch für einen wie den Fieder. Da braucht er jetzt doch auch einen Sprutz[582] Nass, sogar so einer wie unser Fieder. »Aber – das waren doch so gute Kol-

[579] solchen

[580] hinaus zur

[581] Eisenbahn

[582] Spritzer

legen, der Fögi und der Benzo…«, stottert er, wo er sich zwischen Säck, Dreck und Plunder, unter Kräscheln und Knirschen, einen Weg zur Schissi bahnt. Da wartet schon der nächste Schock: Über dem Brünnli[583], aus dem beschlagenen, fleckigen Spiegel, stieren ihn ganz gelbe Augen an.

[583] Spülbecken

Das schlechtere Tier

Wir sind jetzt für einmal weitab vom Schreckhorn und von der Morastbrache im Grund, nämlich irgendwo in Norddütschland[584] – nur, da ist es noch viel wüster: Trümmer, zerschossene Hauswänd; braun schwappt ein Fluss gegen rostigen Schrott und spült einen alten Waschzuber am Ufer an, es geht ein eisiger Wind. Eine Gestalt, dick in eine grüne Wullentechi[585] eingepackt, hat den Zuber schon erwartet. Vorsichtig hebt sie ein munziges Bündeli daraus hervor – es ist die Hörnere, in Lumpen, als noch ganz klein. Sie hat Hunger, die Hörnere. Ihr Bauch ist ein knurriger Wolf. Sie sieht alles so wie durch einen rötlichen Nebel, was jetzt passiert: wie sie das Grosse, Grüne bei der Hand nimmt. Wie sie an der Hand über die aufgerissene, verbrannte Erde stolpert. Patronenhülsen. Stacheldraht. In einem Schlammloch ein Helm. Dann freies, gefrorenes Feld. Der Himmel dunkelgrau, schon fast schwarz, und weit entfernt, ganz schwach, sind ein paar kleine Liechtli[586] zu sehen. Auf diese Liechtli hält das Grosse, Grüne zu. Vereinzelte Schneeflocken wirbeln um sie her. »Tack! Tack-tack!«, macht es plötzlich, von irgendwo links, aus dem Wald, wo dunkle Rohre aufragen. Das Grosse, Grüne verhält mitten im Schritt. Für einen Augenblick nur wird der Griff von seiner Hand stärker, dann löst

[584] Norddeutschland

[585] Wolldecke

[586] Lichtlein

er sich. Und das Grosse, Grüne, Warme sackt wie in Zeitlupe zu Boden.

Das ist so in etwa der einzige Erinnerungsfetzen an Dütschland, den die Hörnere nach ein paar Jahren noch hat. Daneben, da erinnert sie sich nur noch an den Zug, wie sie der Zug dann ins Kirreltal gebracht hat, weil dort sie jemand nehme. Man scherte ihr den Kopf. Man bürstete ihr in einem Zuber den Dreck von der Haut und sprützte sie mit Läusegift ein. Mit einem Schnifel[587] Brot, einen Bändel um den Hals, kam sie in den Zug, der erst nach Tagen wieder hielt – was man gleich nutzte, um sie noch einmal bis auf die Knöchen durchzuschruppen. Danach ging es sogar nur über ein Brüggli, an dessen Endi ein Wärterhüsli stand und eine rot-weisse Barriere, bis man die Hörnere schon wieder aus dem Zug holte, um ihr mit Wurzelbürste und Kernseife auf den Liib[588] zu rücken, das Läusegift nicht vergessen! Ganz wundgeribbelt und aufgeweicht kam sie schliesslich im Horboden an, wo sie dem Kleinjenni Seine, die Französi, abholte – und sie daheim, auf der Wandfluh oben, trotz allen Zabbelns und Grännens grad noch einmal zünftig im Waschzuber töichelte[589]. Das Wasser in diesem Zuber, das war allerdings schon braun. Dem Kleinjenni Seine, die hatte es eben nicht wirklich mit dem Saubersein in der Lotterhütte drin. Die war lieber draussen, half zum Beispiel beim Berghöien, wenn sie ihr Keuchhusten denn schon mal liess.

---

[587] kleinen Stück

[588] Leib

[589] unter Wasser drückte

Waschen tat sie, wie überall im Tal, nur einmal im Jahr. Ihre Monetsbinden[590], die sammelte sie bis dahin in einem Wasserkrug, in dem Schäftli hinter der Bettstatt.

Es stank also, im neuen Heimet[591] von der Hörnere drin, aber wenigstens gab es zu fressen. Freilich, meist wurde das Fressen gleich noch mit ein paar Kopfnüss garniert, weil der Kleinjenni und die Seine, die waren ja der Meinung, dass die Goofen eh immer nur Seich im Grind hätten und dass man sie nur ja nicht verzärteln solle und, wenn überhaupt, dann am besten grob anfasste. Nur, was waren der Hörnere schon die paar Kopfnüss, nach ihrer Zugfahrt und nach den Schüssen aus dem Wald? Die ertrug sie ja gern, wenn sie danach Masthärdöpfel und dürr Bohnen främseln[592] konnte, und wenn es dann vielleicht sogar – zur Krönung des Tages – noch einen Schnätz rässen[593] Ziger[594] dazu gab, den man über die Masthärdöpfel und die dürr Bohnen drüberraffeln konnte, mmh, das schmöckte denn also lecker, da fühlte sich die Hörnere auf der Wandfluh oben trotz den Kopfnüssen schon fast völlig daheim.

Und dass nicht nur die Hörnere sich von sich aus am Kirrel heimisch zu fühlen begann, sondern dass das Talvolch sie seinerseits sozusagen einheimste und als

---

[590] Monatsbinden

[591] Heim

[592] mampfen

[593] herben, scharfen

[594] Glarner Schabziger, ein Reibkäse aus Magermilch

Gemeingut in Besitz nahm, das konnte man recht bald auch schon dem Schlämperlig[595] anhören, wo man ihr aus Fenstern und Türen, wo immer sie gerade ging und stand, an den Kopf zu werfen anfing – eben »Hörnere!« Im Kirreltal, da galt der Taufname ja so gut wie nichts, da wurde ein Rudolf, den man aus dem Kilchli trug, schon beim anschliessenden Verwandtenfressen zu einem »Rüedu« verhunzt und ein Marcel zu einem »Märssu«, und wenn man den Taufnamen nicht wusste oder nicht wissen wollte, wie im Fall von der Hörnere, da hielt man sich dann eben an auffällige Äusserlichkeiten und raunzte etwa einen, wo eine lange Nase hatte, als »Zinggen« an. Bei der Hörnere war das, was den Ausschlag für ihren Talnamen gab, ein Kleiderlumpen, der einzige von ihren alten Hudeln, wo sie in all den Waschzubern, während all den Abschmirglereien nie losgelassen hatte: eine viel zu grosse, verflickte und verlöcherte Wullenkappe[596], schwarz, mit zwei tannzapfengrossen Zipfeln, wo eben ein bisschen wie Hörner aussahen. Und diese Kappe, die ihr ihren kirreltalerischen Namen gab, die trug die Hörnere in den ersten Jahren auf der Wandfluh und später im Grund also praktisch Tag und Nacht auf ihrem Köpfi; nur gerade um ihre Zöpflein zu flechten, nahm sie sie alben einist[597] kurz ab. Schon komisch, wie sehr die Hörnere an ihrer Hörner-Kappe hing. Wo sie den Namen »Hörnere« doch überhaupt nicht mochte. Wer weiss,

[595] Spottnamen

[596] Wollmütze

[597] hin und wieder

vielleicht erinnerte sie die Kappe ja doch an mehr, als sie uns hier sagen will.

Aber wie dem auch sei: Die Hörnere, die fand auf der Wandfluh oben nicht nur Gestank, zu fressen und einen neuen Namen, sondern – viel, viel wichtiger – vor allem auch ein bisschen eine mönschliche Wärmi. Natürlich weniger, von wegen den berichteten Kopfnüssen, beim Kleinjenni und der Seinen und eigentlich auch kaum beim Schlufi, dafür aber umso kemifüüriger beim Sämi, dem zurückgebliebenen Huschel. Schon am Morgen früh, wenn die Hörnere aufstehen musste, um für die Härdöpfel zu rüsten[598], stürmte der Sämi auf allen Vieren zu dem Strohsacklager, wo sie lag, hopste, in seinen Latzhosen, auf die Strohsäck aufen und stupste sie mit seinem Schnuffel[599], aus dem ihm der Schnuder[600] lief, aus dem Schlaf, wozu er gluckste und knurrte, und sobald die Hörnere dann ihr kleines, grünes Äuglein auftat, da schleckte er ihr, fröhlich grunzend, gleich auch noch das ganze Gesicht mit der Zunge ab; das ersparte der Hörnere grad schon mal die Kopfwösch[601] am Brunnen. Und wenn sie den Härdöpfel dann gerüstet hatte und etwa vor den Schober kam, da strich ihr der Sämi sofort wieder freudig pilend[602] um die Bei[603]. Er drängte sie, mit ihm durch

---

598 schälen

599 Nase

600 Rotz

601 Kopfwäsche

602 jaulend

die kempigen[604] Matten ob der Wandfluh zu strielen[605] oder vornen auf den Gneisfluhplatten zu sünnelen[606]. Mmh, war das schön, dort beim Bramibusch zuchen[607]! Der Sämi, der waulete[608] vor Vorfreude und warf sich auf den Rücken, damit ihm die Hörnere den Bauch kräbelete[609]. Sie reckte[610] dabei ab und an ins Nasse. Sie hatte den Sämi aber trotzdem gern.

Es war für die Hörnere darum auch ganz selbverständlich, dass sie den Sämi mitnahm, wo sie ihren ersten Schultag hatte, hintenunten im Schulhüsli in Horboden. Allerdings, der Herr Lehrer Gäggeli, der lachte die beiden ja nur aus, wo sie da vor dem Schulhüsli erschienen, die Hörnere in einem neuen Schurz und unter ihrer viel zu grossen Kappe, und der Sämi sogleich auf allen Vieren in die Schulstubä hineinpfitzte und ganz aufgeregt in allen Ritzen und Ecken herumzuschnobern begann. »Das wäre mir noch«, kroosete es aus dem Lehrer Gäggeli, »wenn ich jetzt auch noch die Viecher von der Wandfluh obenaben[611] bilden müsste!« Was wie der Sämi nicht verständig brichten

---

[603] Beine

[604] voller Steine

[605] streifen

[606] sich sonnen

[607] unter dem Brombeerbusch

[608] bellte

[609] kraulte

[610] griff

[611] oben herunter

könne und nicht auf zwei Bei laufe[612], das habe nichts verloren auf seiner Schul; die Hörnere, die solle abfahren mit dem Viech und es daheim in den Stall zu den Säuli einsperren.

Was will die Hörnere da, als halt wieder heimzu zotteln mit dem Sämi? Sicher will sie ihn emel nicht in das finstere Gusi-Loch sperren, sagt sie sich, wo sie beim Kirrelsteg oben gegen die Gneisfluh abbiegt. Auch wenn es der Sämi eigentlich ganz gut mit den beiden Guseni kann, dem Friedi und dem Leni, und die Säuli auch von sich aus den Sämi offenbar gern haben. Aber der Sämi, findet die Hörnere, der braucht doch auch ein bitzi Sunne[613].

»Dafür, da haben wir dich denk genommen, für dass du zum Sämi lugst«, heisst es beim Kleinjenni und der Seinen nur und gibt auch noch eine Kopfnuss. »Jetzt gschau[614] selber, was d'[615] machst!« Aber ganz so ohne Aufsicht, da kann die Hörnere den Sämi ja nicht lassen, wenn sie in die Schul muss. Was, wenn er wieder in das Bschüttiloch käit, wie schon einmal? Oder wenn er beim Kirrel zu weit auf die Kempen[616] herauskräsmet?

Es würgt der Hörnere zwar fast das Herzli ab, aber sie geht dann halt in das Gaden[617] und holt ein Stückli

---

[612] gehe

[613] Sonne

[614] schau

[615] du

[616] Steine

[617] hier: Nebenkammer, ans Haus gebauter Verschlag

Seil. Das eine Endi macht sie dem Sämi um den Knöchel, das andere bindet sie um das knorrige Öpfelbäumli, oben auf dem Gupf hinter dem Schober, damit er auch ein bitzi Schatten hat. Oh, ganz jämmerlich quäkt er, wo sie ihn unter dem Bäumli zurücklässt. In der Schul, da bringt ihr der Herr Lehrer Gäggeli bei, dass man »Leim« sagt und nicht »Limmi«, indem er ihr am Grännihaar zieht.

Danach, da war es dann nie mehr das Gleiche, zwischen der Hörnere und dem Sämi. Er wich zurück, sobald sie ihm das Seili, nach der Schul, vom Füssu nahm, büxte aus ins nahe Wäldli. Nie mehr strich er ihr um die Bei oder kehrte sich auf den Rücken, damit sie ihn kräbelete. Von unter einem Büschli glüüselte er zur Lotterhütte herüber. Mehr wie ein Füchsli, wo auf die Hühntschi[618] passt.

Es tröstete die Hörnere wenig, dass der Kleinjenni fand, sie habe da das Natürlichste und Gäbigste[619] für mit dem Sämi gefunden. Irgendwann einmal, wo sie von der Schul heimkam, lag dann nur noch das Seili am Boden. Das war dann schon im Sundergrund unten, wo sie den Sämi alben[620] an die Weide neben dem Kirrelsteg band. Es hatte geregnet gehabt. Der Kirrel hatte den gerodeten Schwemmboden an mehreren Stellen unterspült und grosse Erdbröchen[621] mit sich

[618] Hühnchen

[619] Praktischste, Angenehmste

[620] jeweils

[621] Erdbrocken

fortgeschrissen, auch gerade hinter der Weide, von der jetzt ein ganzer Wurzelstock in den Bach herabhing. »Erst das Grosse, Grüne und jetzt auch noch der Sämi«, prieggete die Hörnere. »Allen bringe ich nur Unglück!« Sie hatte Angst, sie müsse wieder in die Kälti zurück, in die Ruinen nach Dütschland. Als Gespänli, da blieb ihr jetzt nur noch der Schlufi.

Ein Abend mit dem Hündeler[622]

Ein Juniabend, wo es schiffet[623], und wo der Höhn aus dem Böss[624] steigt, ist im Bahnhof Bern auch noch Stromausfall. Ja super. Der Höhn, der würde am liebsten gleich wieder in den Böss zurück. Nur, da steckt er dann schon in der vollgestopften Haupthalle drin, um ihn ein Gedrück[625] aus Regenmänteln, Kapuzen und nassem Haar. Ihm ist unwohl. Er fühlt sich klebrig. Das Volch, wie es da wieder so in Brocken zusammenhocken muss. Volchsbrocken. Brockenvolch. Zum Glück bringt ihn der Bilieeautomat[626] auf andere Gedanken. Der dann, der funktioniert dann noch: Oben das Münz[627] rein, unten kommt das Gartookärtli[628], wenn es piepst; da weiss man, was man hat.

Aber bald hat der Höhn dann auch noch mehr. Kaum ist er, oben an der Rampi zu Gleis 11, selber aus dem gröbsten Gestungg[629] heraus, da sticht ihm von unten an der Rampi auch schon ein Hut ins Auge, eine schwarze Dächlikappe[630] mit dem kreischroten Aufnäher *No fear!* Darunter ein dickes, verfilztes Haarge-

---

[622] Hundehalter

[623] regnet

[624] Bus

[625] Gedränge

[626] Ticketautomat

[627] Kleingeld

[628] Kartonkärtchen

[629] Gedränge

[630] Schirmmütze

büsch. Das in zerzausten Zotteln herabhängt in eine bachnasse Stirn. Und über puusbäckige[631] Wangen. Und weiter und noch weiter, sage und schreibe halb über die ganze aufgedunsene, wernerförmige Gestalt, die jetzt da, in einem klobigen, speckigen Mantel und in jeder Hand einen vollgestopften Plastiksack, immer näher heranwackelt durch das Leibergemost[632]: sein Bruder Fieder. Also frisch geduscht, wie er am Telefon versprochen hat, ist er emel nicht grad, sagt sich der Höhn. Tun die denn da gar nicht lugen in der WG? Er ruckt so ein bisschen mit dem Kopf. Macht Andeutungen von Handzeichen. Natürlich sieht der Fieder wieder einmal nichts. Er ist praktisch schon in ihn hineingeplötscht[633], bis er ihn endlich bemerkt.

Der Höhn, der hat ja gehofft, die Begrüssung mit dem Fieder möglichst unauffällig hinter sich bringen zu können. Doch das wird jetzt nichts. »Üüühüüh! Öööhööh! Ja ist das denn mein Bruder Höööhöön? Üüühüüh! Öööhööh! Ja ist das denn nicht wunderschöööhöön?«, päfzgert[634] ihm der Fieder spöiferig[635], lallend und aus Leibeskräften entgegen. Der Höhn, der hat es ja befürchtet. Das ganze Peroo[636] hält den Atem an. Nadelt ihn mit Blicken. Er hat das Gefühl, als sei er aus Pudding, wo er irgendetwas Unverständliches

---

631 pausbäckige

632 Leibergestosse

633 mit ihm zusammengestossen

634 schiesst

635 speichelreich

636 Bahnsteig

mümmelt. Der Fieder lässt seine Säcke fallen. Seine Augen rot irrlichternde Schlitze. In einem teigigen, aufgeschwemmten Gesicht. Mit dem er jetzt ganz nahe kommt. Es folgen drei feuchte, von einem Rülpsen begleitete Saugschmatzer. Der Fieder, der freut sich schon seit Wochen, wieder einmal heimzufahren und beim Alten im Krutzlihüttli zu übernachten. Vom Stromausfall hat er noch gar nichts gemerkt.

Eine Viertelstunde später hocken die beiden in einem Zug, aber noch immer im Bahnhof fest. Gut, der Fieder, der hockt nicht eigentlich; nachdem es dem Höhn endlich gelungen ist, die Nachricht vom Stromausfall auch in seiner Gehirnhütte unterzubekommen, hängt er mehr wie ein umgeworfener Mehlsack in dem Zweitklasspolster drin. »Die Saubähnler[637]!«, schnieft er unter seinen Haarzotteln füren. »Da spart man einmal ein Fränkli, für dass man es mit dem Brüetsch und dem Alten ein bisschen schön haben könnte, und dann machen die einem einfach alles kaputt!« Oh, richtig die Tränen kommen ihm. Der Höhn, ein Eierkopf im grauen Regenlömber, fragt sich zwar ziemlich, was jetzt das soll. Aber dann tätschelt er dann doch vorsichtig die Pfote vom Fieder, um die ein dreckiger Verband ist, und versucht, ihm gut zuzureden: Das sei doch auch nicht leicht für die Bähnler, mit dem Sauwetter in Letzti[638]. »Bei Lattigen oben hat es ja die Glei-

---

637 Sau-Bahnangestellten

638 letzter Zeit

se unterspült. Aber sicher haben wir glii[639] wieder Strom, und spätestens auf die Achti[640] –« Nur da fängt der Fieder erst recht an zu hüülen, dass der halbe Wagen komisch lugt. Aus einem seiner Plastiksäck knübelt[641] er einen gelben Zedel[642] füren, wo er dem Höhn vor den Zinggen streckt. »Da hätte ich euch eben einladen wollen«, jammert er. »Das hätte ein Geschenkli für euch werden sollen.«

Freitag, 22. Juni – Rossgagelpinte Horboden presents

Der Hündeler!

Und seine "Hundsmusig"[643] – bekannt aus Film und Fernseh! Der Star bei Jung und Alt!

Inkl. Sommerhit "Mi Hung, mi Früng"[644]!

Säli[645] offen ab 19 Uhr 25.– SFr.

Im Höhn verkrampft sich alles. Was, jetzt mit dem Fieder noch in die Pinte, unter die Lüt[646]? Er hofft grad, dass der Zug noch lang nicht fährt. Ein so ein Blöd-

639 bald

640 gegen acht Uhr

641 fingert

642 Zettel

643 Hundemusik

644 Mein Hund, mein Freund

645 kleiner Saal

646 Leute

sinn! Da macht er ihm und dem Schlufi emel keine Freud, wenn sie dann alle wieder anstarren, anstieren! Er sieht sie schon, die Tucheln[647] im Säli. Wie sie küschelen hinter ihren Schnäuz, wie sie die Zinggen, die Rüssel – aber da muss der Höhn auch grad selber seinen Rüssel rümpfen, weil der Fieder, der nestelt sich jetzt umständlich aus seinem Lumpenmantel ausen[648], wobei ihm, dem Höhn, ein Gestank wie faule Eier entgegenschlägt. Der Fieder merkt, dass sich der Höhn so komisch versteift – bringt das seinerseits aber mit dem faustgrossen Brandloch in seinem *SUZUKI*-Tischi[649] zusammen. Der zweite *U* ist vollständig weggeschmürzelet[650], man sieht direkt auf den Nabel von dem Fieder seinem Schwabbelbüder[651], so dass man versucht ist, *SUZOKI* zu lesen. »Ich trage halt Modell ›Gaza‹«, versucht der Fieder zu witzeln – »mit Einschusslöchern, hehe!« Obwohl ihm ja eigentlich gar nicht ums Witzeln ist. Im Gegenteil. Sein ganzer Tag verlief von Anfang an einfach nur schissi[652], wie er dem Höhn jetzt lauthals verkündet: »Iä, zerst[653] noch immer Dünnpfiff[654], obwohl ich jetzt doch schon drei Tag lang das Ludomil[655] fresse! Und dann die WCs, wo sie in der

[647] Köpfe, hier: Dummköpfe

[648] heraus

[649] *SUZUKI*-T-Shirt

[650] weggebrannt, weggeschmolzen

[651] Schwabbelbauch

[652] verschissen

[653] zuerst

[654] Durchfall

[655] Ludiomil, ein Antidepressivum

WG haben! Das sind natürlich noch so alte, wo der Abfluss vornen ist, und dann muss ich, wenn ich eine Wurst machen will, immer ganz hinten über der Schüssel anfangen und dann langsam nach füren[656] und abklemmen, weil so richtig dünn kommt es dann eben doch auch nicht…« Der Fieder, der lässt sich weiter über die Konsistenz seiner Würst aus. Die Frage, ob er überhaupt Durchfall habe, wenn er doch noch Würst zu machen imstande sei, gibt ihm einiges zu denken. Der Höhn, der nimmt derweil hinter einer herumliegenden Zeitungsbeilage Zuflucht. Es ist die »Messer-Zeitung« von Messer Möckli, Niedergestelen. Liest er da wirklich: »Mit dem Sehnenschneider *Etzel* tranchieren Sie auch die gäderigste Sau«? Das Licht geht an. Der Zug macht einen Ruck.

»Immerhin, nach all der Scheisserei habe ich dann noch neuen Rekord im *Sikret Wepens of dö Normaadi* gemacht«, sagt der Fieder gerade. Sie sind jetzt etwa auf Höchi[657] Kehrsatz, dick Regentröpf toppeln[658] von aussen gegen das Zugfenster, und über dem Gürbital, dahinter, hängt eine schwarze Wand. Der Höhn, der würde eigentlich auch gern mal wieder etwas sagen. Zum Beispiel: »Iu, mou[659], seit sie mir das Zoloft[660]

---

656 nach vorne

657 Höhe

658 klopfen

659 Ja, doch

660 Medikament gegen Depression, Zwangserkrankung, posttraumatische Belastungsstörung

geben, auf der Halboffenen, geht es mir eigentlich recht gut. Ich schlafe einfach viel, etwa siebzehn Stunden.« – Aber wo er dann zum Brümelen ansetzt, möögget der Fieder zwar sofort »Du musst lauter reden, Höhn! Du weisst doch, dass ich rechts nicht mehr gut gehöre[661], seit dem Abszess im Ohr!« – anstatt ihn zu Wort kommen zu lassen, schwafelt er aber einfach weiter wie ein Buch von seinen *Sikret Wepens*, wobei er den linken Arm in den Gang ausenstreckt und weisse Hautfötzeli[662] von seinem Ellenbogen krauet[663]. »Im fünften Level bin ich jetzt dann, he!«, trompetet er, als hätte er die Tuur dö Fraas gewonnen. »Erst also in das zerbombte Haus – aus dem Geheimfach hinter dem Telefon das MG schreissen – die Nazidütschen, wo im Saustall warten, mit dem MG abenpülferen[664] – geht alles super, kann der Fieder super – aber hinter dem Saustall, da kommt dann der Tiger-Panzer, und der killt mich einfach jedes Mal! Huren mühsam! Weil ich sehe ja schon die *Dicke Bertha*, so eine Riesenwumme, wo ich in die Luft sprengen sollte.« Seit der Fieder in der WG ist, ist er jetzt auch in der Heroin- und nicht mehr nur in der Methi-Abgab. Und die kochen auch für sie, in der WG, die haben sogar einen richtigen Koch. Der Fieder, der frisst seit drei Mönet wie ein Mähidröscher[665]. Und das Sozgeld[666], wo er nicht mehr

---

661 höre

662 Hautfetzchen

663 kratzt

664 niederschiessen

665 Mähdrescher

selber für Pulver ausgeben muss, das wandert zwar schon zu einem Grossteil in Tablettli, zu einem kleineren aber auch in Pleisteischen und Geims. »Ich muss dann öppen den Räffu fragen, für ein Trickli gegen den Tiger«, meint der Fieder, wo noch immer abgestorbene Hautfötzeli auf den Boden schneien lässt. »Von ihm sind eben auch die Biliee. Er ist also ein ganz ein flotter, der Räffu, mein bester Kolleg in der WG. Leider hat er MS. Das motiviert ihn natürlich nicht grad, mit dem Alknen aufzuhören. Der Hündeler, der ist eben sein Unggel[667].«

Sie hören den Fernseh vom Schlufi dann schon von weitem, schon von änet dem Kirrel. Es hat zu schiffen aufgehört, die Föhren, beidseits der Teerstrass, wo sie fussnen, tropfen aber noch prächtig. »Lass dich üüüber-ra-schen!«, dudelt es plötzlich von irgendwo links hinter den Tannen, kurz vor dem Stutz[668] zum Grundbrüggli aben. – »Ja, schöne Überraschung!«, mault der Fieder, wo nicht mehr so gesprächig ist, weil er ziemlich keuchen muss. »Huren Latscherei! Der Alt, der hätte uns doch abholen können, mit meinem Töffli und seinem Anhänger!«

Sie schwenken jetzt oben in den Stutz ein – da liegt er vor ihnen, der Grund, hinter Brüggli und Bach, gerade wo der Rudi Garell durch die Luft ruft »Daaas wäre ihr Breis gewesen«: ein schmales Bitz Schwemm-

---

666 Geld vom Sozialdienst

667 Onkel

668 Abhang

boden, kahl, grau-braun, vom Regen ein einziger Morast. Links, hinter ein paar Tanndli[669], das Hüttli, finster und klein, mit seinem schiefen Tach[670]. Darüber, überhängend, die schwarze, feuchte Wand vom Schreckhorn. – »Du, lug, hehe, es hat ihm schon wieder Land furtgespült[671]!«, grölt der Fieder, wo bereits halb über das Brüggli gepoltert ist, obwohl das unter seinen Tritten bös schwankt und kracht. Er deutet aufs änere Ufer, wo gross Herdflären[672] vom Port ins Bachbett abgerutscht sind. Der Höhn, der setzt seine billigen Stoffschühlein nur ganz vorsichtig auf das giirende Brüggligerüst auf. Dass der Alt da nicht endlich eine anständige Holzbrügg machen kann! Zwei Äst, darüber Knebel[673] gebunden, an zwei, drei Ort noch ein Laden drauf – und darüber, da tut er noch immer drüberblochen[674], mit dem Puch-Töffli und dem Anhänger? Halb auf Zähienspitzen[675], wie auf Eiern wackelt der Höhn über das knirschende Geäst. Die Fahrmulde, hinter dem Brüggli, ist die erwartbare Brühii[676]. Schon nach drei Schritt stecken sie knöcheltief im Dreck.

669 Tännchen

670 Dach

671 fortgespült

672 Erdbrocken

673 Stöcke

674 drüberrasen

675 Zehenspitzen

676 Brühe

Richtige Klüfen[677] von Dreck schleipfen sie dann auch ins Hüttli, wo sie durch Kuchi und Gang in Richtung Stubä trogeln – und dort, auf dem Schlufithron, vor dem voll aufgedrehten Fernseh, aber nur den Pfaff Würgler hocken sehen, den jungen, wie man im Tal sagt, obwohl er jetzt eigentlich selber schon ein alter Sack ist. Gerade tönt es aus dem Fernseh wieder: »Daaas wäre ihr Breis gewesen!« Die Kamera schwenkt auf ein Familienzelt mit Plantschbecken. – »Gopf«, entfährt es dem Pfaff Würgler, »ich habe doch noch gesagt, die sollen den Priis[678] nehmen!«

Der Pfaff Würgler, der jung, der lugt eben ein bisschen zum Schlufi. Oder wenigstens geht er ab und zu mit einem Video von einer alten Rudi-Garell-Schou im Hüttli vorbei und tut die dann zusammen mit dem Schlufi lugen – wobei er den Fernseh aber ganz laut stellen muss, weil er so hart hört. Manchmal ist er auch hinter dem Hüttli am Herumnasnen[679]. Bei der Schreckhornwand zuchen. Wenn es schüttet, spült es da öppendie öppis[680] Scherbi und Knöchen aus dem Herd. Das sei da öppis historisch, meint der Pfaff Würgler. Er hat auch schon gelochet[681] bei der Wand, mit seiner Gartenschaufel, und ein paar Stückli einem Kolleg gezeigt, vom Historischen Museum in Bern unten. Vorkrischtlich, vielleicht spätbroossezeitlich,

---

[677] Klumpen

[678] Preis

[679] Herumschnüffeln

[680] etwas

[681] gegraben

meine der Kolleg. Aber jetzt, da hat der Pfaff Würgler eben keine Zeit, für weiter mit dem Fieder und dem Höhn zu brichten. Eh, er muss doch den Rudi Garell fertiglugen, wegen dem Hauptpreis! Er wedelt nur so mit der Hand gegen das Fenster und sagt, der Papi, der sei wieder einmal hinter dem Fuchs her. In dem Moment ertönt ein trockener Knall.

Der Schlufi ist noch immer ein Fetzen, auch wenn in seiner Vogelnestfrisur jetzt eher grau. Er türmt sich auf den Steinplatten vor dem Krutzlihüttli auf, wo der Fieder und der Höhn aus der Kuchi angeseckelt kommen; in schwarz, versöilet[682] Gummistiefel und einem blauen Häli Hänsen murkset er etwas an seiner Schrotflinte herum. »Der Dreckhund, jetzt hat er mir auch noch den Güggel[683] geholt, den Johannes!«, hässelet er statt einer Begrüssung. »Und dann heisst es immer ›Tierquäler, Tierquäler!‹, da bei euch in Bern. – Ihr müsst ja nicht mit den Viechern leben!« Ratsch-klonk, lässt er den Lauf von der Flinte einschnappen. »Eh, wenn er mir die Giftkörner vom Lehmä partu nicht frisst!« Insgesamt drei Schrotladungen päfzgeret er noch gegen die paar Büsch, hinten bei der Felswand, wo dahinter der Predigweg nach Schwenden aufengeht.

Kurz darauf, in der Kuchi, windet sich der Schlufi. »Ja, aber Siebni – das ist doch jetzt zu spät«, verzieht er den

682 verdreckt(en)

683 Hahn

Grind ganz gequält, wo der Fieder seinen gelben Zedel fürenmacht. »Wollen wir nicht lieber hier im Hüttli bleiben? Da sind wir doch auch schön für[684] uns.« Er lächelt aufgesetzt. Sucht mit gehetzten Äuglein aber dem Höhn seinen Blick und zuckt so komisch mit den Stirnwülsten. »Du Papi, ist dir nicht gut?«, fragt der Fieder. Später küschelet der Schlufi dem Höhn ins Ohr: »Ich schiniere mich einfach, mit ihm unter die Lüt, seit er da so schmuslig ist.«

Das ist, wie gesehen, beim Höhn nicht anders. Nur, wo der Schlufi jetzt da so Ausreden sucht, das Ungäbige[685] an einem Konzert herausstreicht und ihn, den Höhn, mit Augenbrauenrümpfern um Zustimmung angeht, da kommt er sich selber schäbig vor. Oh, der Fieder, er will ihnen doch etwas schenken. Eigentlich gegen seinen Willen hört der Höhn sich sagen, für seine Verhältnisse sogar recht laut: »Also, wenn der Fieder jetzt schon die Biliee hat, dann gehen wir auch zum Hündeler.« Fünf Minuten später brechen sie auf. Die Schirme, sagt der Schlufi, brauchen sie nicht mitzunehmen. »Ich täte es schmöcken, wisst ihr, wenn der Regen nochmal käme«, deutet er auf seinen Zinggen, wo wie ein grosser Kemp zwischen seinen Augen hockt. Sie sind erst grad über das Grundbrüggli, stehen sie schon im schönsten Platzregen.

---

684 hier: unter

685 Unbequeme

Sie sehen aus wie drei nasse Söcken, wo sie aus dem Regenpflotsch[686] in das Rossgagelpintli hineingetschalpet kommen. Und sie sind die letzten; alles hocket schon im Säli, mühsam müssen sie sich, triefend und tropfend, zwischen engen Plastikstuhlreihen durchdrücken bis zu ihrem Platz. »Du, Schlufi – hast badet[687] mit den Gielen?«, tönt es von irgendwo her. »Hehe«, zwingt sich der Schlufi zu einem dünnen und angespannten Lächlen, wobei er seine Händ so schlaff nach aussen kehrt.

Endlich sind sie dann an ihrem Platz, einem Tischli direkt vor der Bühni. Das heisst, eine Bühni gibt es gar nicht, sondern nur einen freien Quadratmeter vor einer leeren Wand. Der Fieder, der hocket mit dem Rücken zu der leeren Wand, die andern beiden im gegenüber. »Also zumindest den Hut, den könnte er doch schon mal abnehmen!«, wäffelet[688] der Schlufi nach einiger Zeit zum Höhn. »Manchmal frage ich mich schon, ob ich ihn einfach zu wenig geflatznet hab.« Der Fieder stützt ein Panaasch an. »Eh, ist das schön, jetzt hier mit euch!«, flötet er. »Und das ist ja auch dank der WG. Die haben mir eben geholfen, ein bisschen vom Sozgeld zu sparen, für dass ich auch die lieben Angehörigen mal lieb einladen kann.« Vom oberen Grind vom Fieder sieht man gar nichts. Da ist nur der *No fear!*-Hütu und darunter, bis zur Nase, pagglige[689]

686 Regenmatsch

687 gebadet

688 schnauzt

689 verklebte, verfilzte

Haarmatte. Eine schlingernde Hand versucht jetzt, wenigstens die Zotten grad vor dem rechten Aug aus dem Gesicht zu bekommen. Erfolglos. – »Du, das ist doch der Mosimaa Fred!«, ellbögelt[690] der Schlufi dem Höhn in die Rippi. Mit dem Zinggen weist er auf einen drahtigen Schnauz, ein paar Stühl rechts von ihnen, wo aus offenem Maul den Fieder anstiert. »Eh, von den Mosimaas, weisst du, wo das Mami jahrelang bei ihnen geputzt hat. – Huhu, Fred, gugus[691]!«, schnalzt der Schlufi mit den Fingern – der Fred, in seiner Glotzerei ertappt, kehrt ihm sofort den Rücken.

Unterdessen hat sich der Hündeler mit Klampfe vor der leeren Wand aufgebaut. Er ist ein bisschen ein Zwerg, ein glänziges Möckli[692] in einem Fransenhemmli aus Wildleder und mit grossem Goboi-Hut. »Danke, dass ihr alle gekommen seid«, sagt er, während er noch an den Wirbeln vom Gitarrenkopf herumschraubt. »Und danke vor allem auch denen, wo mich in meiner schwierigen Zeit unterstützt haben. Ihr wisst schon: die Scheidig[693] von der Chrigä, dann der Alk… Als Küntschtlär[694] bischt du einfach sensibu[695]. Da muscht du einfach manchmal raus aus dem Züüg[696], dem Seich. Hier eines, wo ich in Mempfis,

[690] stösst den Ellenbogen

[691] kuckuck

[692] Dickerchen

[693] Scheidung

[694] Künstler

[695] sensibel

[696] Zeug

Auschtralien, geschrieben hab. Es heisst: *Mit em Rüedu bim*[697] *Bier.*« – »Jiipie!«, möögget der Fieder. Er längt[698] über das Tischli und knustet[699] dem Höhn seine Hand. »Jetzt geht es dann los!« Zu den ersten paar Takten wippt er so ein bisschen mit. Ein runder Lachbogen ist es, unter dem Paggelhaar, wo mit dem er zum Schlufi und zum Höhn herübergrüsst. Aber schon bald verrutschen ihm die Züge. Er muss mit dem Arm das Kini abstützen. Der Arm gleitet weg. Und noch vor dem Endi vom Lied sackt sein Haarturm, mit dem Hütu obendrauf, auf die Tischplatte herab, bettet sich dort in den Schaum neben dem Panaasch-Glas. »Du, schläft der jetzt?«, knirscht der Schlufi auf seinen Zähn. – »Als Nächstes ein Instrumental, wo ich auch improvisiere«, kündigt der Hündeler an: »*Em Pudu si Chärn*[700]!« – »Üh, sind das ungäbig Stühl, ich habe es ja gesagt!«, klönet[701] der Schlufi, und der Höhn, der muss ihm recht geben: Wie er auch zwägrangget[702] auf dem Plastikrost, immer schneidet ihm etwas blöd beim Füdeln ein.

Es ist Tracker-Köntri, wo der Hündeler macht. Er schrummelt von dem, was ihm nach der Scheidig noch geblieben ist: sein Pinscher Fridolin; sein Kolleg Rüedu; dazu ein Mehrzweck-Aebi[703]. »Deshalb eben auch

---

[697] Mit dem Rudolf beim

[698] greift

[699] drückt

[700] Dem Pudel sein Kern

[701] klagt

[702] sich hin und her dreht

[703] eine Mehrzweck-Landmaschine

Hündeler«, sagt der Hündeler, »weil ich so viel vom Frido singe.« Er bringt jetzt, vor der Pause, noch seinen Hit. Mit dem Röfrää: »Wär macht mi wider xung[704]? – Äs isch mi Fründ, dr Hung[705].« Neben dem Höhn, da tun sie schunkeln.

In der Pause steht der Herr Lehrer Weggli[706] bei ihnen am Tisch. Der Schlufi, der muss den Fieder stüpfen, damit er erwacht. – »Eh, der Herr Lehrer Weggli, mein Seklehrer[707]!«, strahlt der Fieder dann unter seinem Hütu füren, wo er seine Haarmatte ein bisschen aus dem Grind hat streichen können. »Sorry, dass ich grad gine[708].« Seine eine Hand wandert in einen von seinen Plastiksäcken. Kommt mit ein paar Tablettli wieder raus. »Iä mou, mir geht es also gut«, verzellt er. »Ich bin jetzt da in der WG, weil ich Hepa hatte. Und ich gehe schön brav in die Abgab… Bedienig[709], noch ein Panaasch!«, rüft er, bevor er die Tablettli ins Maul stosst und zu verbeissen[710] anfängt. Beim Herr Lehrer Weggli, da haben sie in der achten Klass eben *Zum Beispiel Stefan* gelesen. Über einen Jung, wo in die Drogen käit. Er sei jetzt nicht mehr am Stunden Geben, sagt der Herr Lehrer Weggli. Er sei jetzt in der

[704] Wer macht mich wieder gesund

[705] Es ist mein Freund, der Hund

[706] Brötchen

[707] Sekundarschullehrer

[708] gähne

[709] Bedienung

[710] zerbeissen

Verwaltung. »Die Front«, schüttelt er den Kopf, »die Front ist einfach isig[711].«

Nach der Pause versucht sich der Hündeler an einem Bluus – der Fieder schläft sofort wieder ein. »Höi[712] da!«, ruft der Schlufi und stüpft ihn zwei-, dreimal, wenn er zu laut schnarcht. Erst kurz vor dem Schlussapplaus richtet sich das Haarbergli, vor dem Schlufi und dem Höhn auf der Tischplatte, langsam wieder auf – und klatscht dann aber nur umso kräftiger mit. »Zugab! Zugab!«, möögget der Fieder, und zum Höhn und zum Schlufi wirft er herüber: »Üh, das war jetzt fägig[713]! Gell, das hat jetzt gefätzt, he?« Er hasnet[714] zum Hündeler füren, wo vor der leeren Wand seine CD verkauft, die *Hundsmusig*. Die bekommt dann auf dem Heimweg, im tropfenden Föhrenwäldli drin, der Schlufi zugesteckt. »Sä[715] da«, singt der Fieder fast zum Schlufi, »hier etwas Kleines von deinem lieben Sohn. Jetzt kannst du dann mit dem Disggmän auf dem Töffli *Hundsmusig* losen.« – »Für auf dem Töffli, da habe ich denk schon Musig, da lose ich vom Gölä[716] den *Schwan*!«, giftet der Schlufi. Den Fieder, den trifft das bal ärger als früher ein Klapf. Er stogelt, kommt vom Teersträssli ab in das Kriis, wo Büsch sind, au!,

---

[711] hart, eisern

[712] he

[713] fetzig

[714] wieselt

[715] Nimm

[716] Berner Musiker

hat er sich auch schon mit seiner Haarmatte in den Zwiseln[717] von einem Busch verfangen. »Der Löu, der hat ja gar keine Freud«, wimmert er, noch immer unter seinem *No fear!*-Hütu, wo ihm der Höhn helfen kommen will, seine Paggeln[718] aus den Zwiseln zu lösen. »Immer kann er nur brätschen, immer hat er mich nur gebrätscht, und jetzt, jetzt zwiselt[719] er mich auch noch mit dem Hündeler!« Tränen rugelen[720] dem Fieder über die Backen. Der Höhn, der hält ein bisschen seine Achsel. Ein wahrer Trost ist das nicht.

Daheim im Hüttli, nachdem sie den Drecktanggel[721] von ihren Schuhen geklopft haben, geht der Fieder sofort ins Näscht, in seinen alten Kromen. Nur der Höhn bleibt noch etwas auf und frisst mit dem Schlufi und dem Pfaff Würgler ein spätes Znacht. »Eh ja, das ist doch auch keine Art, das macht doch keine Gattung[722], da dermassen zu schnarcheln[723], zmitts[724] vor der Bühni!«, moffelt[725] der Schlufi, während er Speck und dürr Bohnen in sich hineinstopft. »Einmal, da wollte er ja sogar mitjohlen, bis ich ›Höihöi!‹ gemacht hab.« Der Höhn, der lobt schmatzend das Znacht vom

---

[717] Zweigen

[718] Filzhaar

[719] schlägt mit einer Rute

[720] kullern

[721] Dreckbrei

[722] gehört sich nicht

[723] schnarchen

[724] mitten

[725] stänkert

Pfaff Würgler. Er verzählt dann auch ein bisschen von sich, wie es mit dem Korbnen geht und den Küngeli im Streichelzoo. »Nach dem Korbnen heute«, sagt er, »war ich ja noch schnell auf der Geschlossenen dänen[726]. Aber sie wollten mich nicht zum Mami lassen. Es hatte wieder mit dem Lätt[727] herumgeworfen in der Therapie, wo es aus dem Lätt hätte einen Mönschen formen sollen.«

Zum Desser, einem Garamelköpfli[728], zeigt der Pfaff Würgler die neusten Scherbi, wo er hinter der Hütte ausgelochet hat. Der Höhn, der möchte eigentlich ins Näscht; nur dem Pfaff zuliebe wirft er einen Blick auf das Tablett, wo der an den Kuchitisch schleipft. Das meiste nicht mehr als Splitter, grau, in der Mitti von der Bruchkante schwarz. Der Pfaff Würgler ist dennoch begeistert. Das könnte jetzt eben frühe oder sogar frühste Broossezeit sein, meine der Zgraggen, sein Kolleg in Bern. »Weisst du, wo sie dann plötzlich Kempen und Baumstämm um ihre Siedlungsplätz aufschichten – eh, weil sie jetzt etwas zum drum Zanggen[729] haben! Und wo das alles anfängt, dass die einen viel mehr haben, dass die einen die Herren sind und alle anderen ihre Knecht! – Gschau, da hat es auch ein paar mit Verzierungen…« Die Verzierungen sind eingeritzt, einige wenige bläuliche Kerben. Man braucht also ziemlich viel Fantasie, für wenn man darin ein

[726] drüben

[727] Lehm

[728] Caramel-Pudding

[729] Zanken

Muster sehen will, einen umgekehrten U, aus dem unten drei Schlangenlinien lampen. Es räbelt und ggöisset dann wüst in der Kuchi, sogar der Fieder wird wieder wach. – Die nächsten vier Mönet, die verlegen sie den Höhn, trotz dem Zoloft, zurück auf die Geschlossene.

Oben im Oberstübli vom Krutzlihüttli. Nach einer Nacht in der Pinte ist der Kleinjenni eben erst aus dem Näscht gestogelt. Er rülpst, er kratzt sich. Dann tapst er gegen das Fensterli. Eh ja, die Bsitzung[730] gschauen, nach dem Hagel und Tonner letzt Nacht. Nicht dass ihm etwa noch die Laichtümpel Schaden genommen haben, die gerade erst früsch gelocheten! Das ist eben so der neuste Furz vom Kleinjenni, die Laichtümpel. Er hat sich in den Grind gestieret[731], mit einer Felchenzucht jetzt doch noch in die Höchi zu kommen, hat deshalb tüür[732] Felchenlaich gekauft und den dick in drei braunwässrige Mulden geschaufelt, vornen auf dem Schwemmboden gegen den Kirrel zuchen. Er riegelt das Fensterli auf. Er klappt den Fehlladen[733] zurück. – Das Bitz Land, vornen beim Kirrel, wo die Mulden waren, das gibt es nicht mehr. Auf zehn Metern Breite hat der Kirrel dort alles unterspült, die ganze Bodenmutte[734] mit sich fortgeschrissen; da sind nur noch Kempen, Schlamm, ein angespülter Baumstamm, auf die der Kleinjenni nasnet, von hinter dem geblu-

---

[730] Besitzung

[731] gesetzt

[732] teuer

[733] Fensterladen

[734] Erdschicht

meten Fenstertrögli[735] füren; alles bachab mitsamt dem tüüren Laich.

Der Kleinjenni, der hocket also nicht mehr nur im Dreck, jetzt spült es ihm diesen Dreck auch noch unter dem Füdeln weg. Da braucht es natürlich nicht mehr viel, bis er an die Tili[736] geht. Schon bevor der Schlufi angestabet[737] kommt, ihm am Hosenbein zieht, verfärbt sich seine Glatze abwechselnd rot, weiss und blau. Das Bubli, das packt er wie ein Stuhlbein, wie einen Schemel. In hohem Bogen fliegt es aus dem Fensterli hinaus, über das geblumete Trögli hinweg. Es knackst, von unten, wie zersplitterndes Holz.

Späterdings, da hat der Kleinjenni zwar schon eingesehen, dass das ein gemeingefährlicher Vorgang war. Nur, da war das Kind halt schon verheit[738], ein sogenannter Holztotsch[739] mit einem Näggi ab[740]. Wo sie ihn, nach gut vier Mönet, aus dem Ganzkörpergips sageten, da mochte er zwar einenbeigen[741], was das Zeug hält, zu allem anderen machte er aber nur ein langes Gesicht. Er redete auch kein einziges Wort. War er am Endi taubstumm? Der Dokter Zersinger, wo extra vom Schwefelbergbad oben abengekommen war, war sich nicht sicher. Für all Fäll band er ihm neben

735 Blumentopf vor dem Fenster

736 Decke

737 angerannt

738 kaputtgemacht

739 Holzklotz, Holzkopf, Holzpuppe

740 mit einem Knacks weg

741 (Essen) in sich hineinbeigen

der Taubstummen- auch noch eine Blindenbinde um den Arm. Laufen konnte das Mönschlein dann eigentlich recht gleitig[742] wieder, auch wenn es noch jahrelang ganz steifbeinig schuhnete, wie wenn es noch immer im Gips stecken täte; wie wenn seine Ärm und Bei Knebel wären ohne Gelenk. Im halben Grind hatte es, seit dem Aufprall auf der Bsetzi[743] vor dem Krutzlihüttli, offenbar kein Gspüri[744]. Wenn es dann, mit seinen gelb-schwarzen Armbinden, eckig dahergestaksnet[745] kam, etwa auf Horboden hinein, waren immer schnell ein paar Schnudergoofen[746] um ihns, gaben ihm einen Tätsch[747] und pääggeten: »Gell, du Totsch, das gspürst[748] du gar nicht!«

War es da ein Wunder, wurde das Bubli furchtbar mönschenschüüch[749]? Wenn es nicht gerade ums dick Fressen ging, um Wurst öppen oder um Wurst und Käs, da versteckte sich das Tockeli[750] ja, kaum dass es einen Mönschen schon nur von weitem sah. Es drückte sich in Ritzen, Türspalten, Keller. Verbog sich recht- oder spitzwinklig hinter Holzbeigen[751] und Strüücher. Meist lugte, von hinter dem gewählten Versteck, ein

---

[742] bald

[743] mit Steinplatten ausgelegter Vorplatz

[744] Gefühl

[745] dahergestakst

[746] Rotzbengel

[747] Schlag

[748] spürst

[749] menschenscheu

[750] missgestaltetes Püppchen, Menschlein

[751] Holzstapeln

gutes Stück Bub aber noch immer gut sichtbar füren, weil er halt so gestabig[752] war. Und da dauerte es dann nicht lang, bis er den bekannten Schlämperlig als Rufnamen weghatte im Tal: eben Schlufi, weil er sich eben vor allen Lüt immer erst einmal zu verschlüüfen[753] versuchte. Wenn er sich mal nienen[754] verschlüüfen konnte, der Schlufi, etwa auf der Strass nach Horboden, zwischen Fluhwand und Kirrel, verzog, verrümpfte er so Grind und Oberleib. Wie wenn er in sich selber schlüüfen möchte. Er hatte dann ein bisschen etwas von einem Krott.

Die Hörnere, die war ja schon froh, hatte sie mit dem Schlufi überhaupt noch ein Gespänli und war ihr das nicht auch schon wieder fortgestorben. Er wurde zu so etwas wie einem zweiten Sämi für sie, auch etwas, wo sie zu ihm lugen musste, und sie merkte dann ziemlich schnell, dass der vom Einenbeigen langsam etwas komödligestaltige Bub vor allem zwei Ört hatte, wo an denen er sich am liebsten verschloff: im Vorratskeller mit den Einmachglesli[755] hinter dem Söistau und unter der Fluh am Waldrand oben, beim Abfallhaufen von den Schwendenern. Im Keller konnte er stundenlang vor den Hurden[756] mit den Einmachglesli auf und ab

---

752 ungelenk

753 verkriechen

754 nirgends

755 Einmachgläsern

756 Lattengestellen

stelznen[757]. Er wurde nicht müde, die Gomfiglesli[758] anzulugen, die eingemacht Bohnen, vor allem aber das Fleisch, die Glesli, wo Würst und Rippli, braunrot verfärbt, in einer dicken Schicht Schmutz steckten, damit sie haltbar blieben. »Mmh!«, machte der Schlufi dann, wenn er die Fleischglesli anlugte. Manchmal war eines von den Glesli am Abend leer, nur noch der Schmutz darin. Das Grosi, das kiefelte[759] dann ein bisschen mit dem Schlufi; dem Kleinjenni, dem sagte es nichts.

Unter der Fluh, am Waldrand oben, da hockete die kleine Kästligestalt einfach auf einem rostigen Fässli und nasnete von dort aus den Schlängli nachen[760], wie sie da so schlängelten zwischen verfaulendem Aas und fortgeworfenem Plunder. Die Hörnere dünkte es, das sei der richtige Ort, zum für ein bisschen in seine Nächi zu kommen, zum nach und nach sein Zutrauen zu gewinnen. Die ersten paar Mal, da knebelbeinelte[761] der Schlufi zwar wie das Bisiwetter[762] hinter eine Farnstude, sobald er unten, hinter den Büsch beim Predigweg, zwei schwarze Wullzipfel heranzotteln sah. Aber das besserte dann schnell, wo die Hörnere anfing, etwas Käs einzupacken, um für ihn damit zu lööken[763]. Allmählich durfte sie es wagen, auf eine verkruttete[764]

[757] wie mit Stelzen gehen

[758] Marmeladengläser

[759] schimpfte

[760] hinterher

[761] lief wie mit Ästen als Beinen

[762] wie der Blitz

[763] anzulocken

[764] zerschlagene

Trucke[765] neben seinem Fässli zu hocken. Er musste nicht mehr drei Meter wegsatznen[766], wenn sie sich nur streckte. Zusammen kätscheten[767] sie Käs. Zusammen guselten[768] sie mit Stecken im Abfall. Der Schlufi, der brummte zufrieden, wenn er ein Schlängli aufscheuchen konnte. Gut ein Jahr nach seinem Flug über das geblumete Trögli sagte er der Hörnere zum ersten Mal wieder etwas halbwegs Verständliches: »Ich tue eben gern den Tierleni zulugen«, quietschten seine eingerosteten Stimmbänder.

Manchmal, wenn die Hörnere nicht dabei war, tat der Schlufi allerdings auch mehr, als nur den Tierleni zuzulugen. In eine Blindschleiche hatte er einmal Dörnen hineingesteckt und dann zugelugt, wie die sich wand und windete, bis sie verräbelt war. Wer weiss, wenn die Hörnere davon gewusst hätte, dann hätte sie ihm vielleicht nicht die beiden Küngeli gebracht, von den Mosimaas, wo sie all vierzehn Tag mit dem Grosi den Putz machen ging. Das seien doch schöner Tierleni als da die schwarzen Würm, sagte sie zum Schlufi. Sie half ihm, ein kleines Stäueli[769] zusammenzunageln, hinter dem Krutzlihüttli. Da waren sie dann nicht mehr so viel oben beim Abfallhaufen, wo es ja auch gefährlich war, weil die Schwendener ihr Zeug ohne Warnung

765 Schachtel

766 wegspringen

767 kauten

768 stocherten

769 kleinen Stall

oben über die Fluh aus warfen. Die Hörnere und der Schlufi, die hocketen jetzt mehr hinter dem Hüttli, lugten dort den Küngeli im Stäueli zu. Er kam dann bald auf die Sonderschul, in Linden. Schon auf die Fünfi musste er auf. Drei Stund stelznete er, die gelb Binden mit den schwarzen Pünkt am Arm, jeden Morgen hölzig über Höger[770] und durch Krächen[771], für bis am Achti dann in Linden. Sie schaffeten[772] dort auch nervenseelisch mit ihm. Er brachte da so zwei Magneten heim, zwei Schäfli, eines schwarz und eines weiss. Wobei, wo ihn die Hörnere hinter dem Hüttli, bei den Küngeli dann einmal fragte, was denn das solle mit den Magneten, da sagte er nur: »Lug, wie das Küngeli das Rübli[773] gern hat!«

Fünf Jahr darauf geht der Schlufi in die Sonderlehr, in der Sonderschul in Linden. Er hat jetzt eine Vogelnestfrisur und hat auch weiter dicket[774]; man bekommt direkt den Eindruck von einem Schlafzimmerschaft, wo die Schublade offensteht, wenn man ihn da, im Morgengrauen vor dem Krutzlihüttli, so auf seinem Töffli hocken sieht. Das Töffli, eine quietschige Rostbütti, das hat ihm sogar der Alt besorgt. Da kann er jetzt wenigstens bis am halbi Sechsi pfuusen[775] und

---

[770] Hügel

[771] kleine, abgelegene Orte

[772] arbeiteten

[773] Karotte

[774] ist dicker geworden

[775] schlafen

muss nicht mehr den ganzen Weg nach Linden fussnen. Die Blindenbinde, die bindet ihm die Hörnere zur Sicherheit aber doch noch jeden Morgen um den Arm, weil er zwischendurch gern Zickzack fährt. »Und hast du deine Schnitte[776]?«, fragt sie. »Und auch den Süssmost? – Ja, wart, das Töffli, das lasse ich dir gleich an, damit du lostuckern kannst.«

Er lehrt Hilfsschreiner, der Schlufi. Sie sind lieb mit ihm. Er saget, wenn sie sagen, er soll sagen[777]. Er schliifet[778], wenn sie schliifen, er soll sagen. Dann trinkt er Süssmost. Es ist vor allem sein Stiftenlohn, wo die Seinen im Grund jetzt durchbringt, zusammen mit dem, was die Hörnere verdient, wenn sie bei den Gfellers und Mosimaas putzt. Im Hüttli drin, da tut schon länger die Hörnere lugen, dass es nicht zu schmuslig wird und dass öppen gekocht ist, weil das das Grosi nicht mehr mag. Der Kleinjenni, der piestet seinerseits von seinem verkäibeten[779] Rücken und dass er keinen einzigen Koffer mehr puggeln[780] könne – ist andererseits dann aber durchaus imstand, von irgendwoher einen riesigen Felsklüfen anzuferggen[781], den ans Kirrelufer zu wuchten und in das Rauschen vom Bach hinein zu päägen: »So, du Hund, jetzt schreiss mir den mal weg!«

---

776 Pausenbrot

777 sägt, wenn sie sagen, er soll sägen

778 schleift

779 kaputten

780 buckeln

781 anzuschleppen

Es ist für alle dann ganz natürlich, dass der Schlufi und die Hörnere zusammen ins Kilchli gehen, in Schwenden oben, wo sie nünzähni[782] und er zwänzgi ist. Für sie, da hat sich zwar schon auch mal ein anderer interessiert, der Jung vom Mosimaa. Nur, der nahm ja schnell wieder Reissaus, wo er sie einmal abholen wollte, für ans Gomtuar[783] in Losann – und dann krähite ihm da, von einem Kempen änet dem Kirrel, der Kleinjenni die unflätigsten Verwünschungen entgegen. Das grosse Los, das kann halt nicht jedes haben, sagt sich die Hörnere. Und irgendjemand muss doch einfach auch zum Schlufi lugen, für dass der im Leben zwägkommt[784], oder nicht? Der Pfaff Würgler, der alt, der verschnurt[785] sich gleich doppelt vor dem Segen. »Willst du, Schlu-, eh Wili?«, fragt er. Und dann auch noch: »Willst du, Hör-, eh Hedwig?« Anschliessend machen sie sogar ein kleines Hochzeitsreisli, fünf Tag von Trubschachen aus durchs Trub. Wo sie wieder zurück sind, ist das Stäueli hinter dem Krutzlihüttli leer. »Ich habe euch doch gesagt, ihr müsst selber zu den Viechern lugen!«, moffelt der Kleinjenni. »Im Vorratskeller hat es jetzt fünf Kilo Ragu.«

---

782 neunzehn

783 Comptoir, Messe in Lausanne

784 zurechtkommt

785 versprach

Ein Blümi, wo verdorrt

Endlich ist es jetzt doch noch passiert. Endlich hat die Liebi den Fieder jetzt doch noch gefunden. Sie hat ihn, wie sie es ja meist öppen macht, auf dem Bügu[786] gefunden, das heisst in den Räumen vom Atelier *Garnklungeli*[787]. Seit ein paar Mönet, da darf der Fieder da vormittags ein bisschen Stoff für Taschen und Portmonee zuschneiden; da bekommt er dann am Mittag dreissig Eier bar auf die Hand. Wobei, wahrscheinlich nicht mehr lange. Weil die Regula, wo das *Garnklungeli* leitet, die sagt, sie zahle ihn doch nicht fürs Pfuusen! Gestern hat er wieder zuerst eine immer bedrohlichere Schlagseite bekommen und ist dann regelrecht eingenickt über seinem Tisch, die Schäri[788] noch in der Hand; morgen will die Regula deshalb mit ihm reden.

Aber in dem Fieder seine Sorgen, dass er wohl sogar noch seinen geschützten Arbeitsplatz verliert, da platzt jetzt eben plötzlich die Liebi herein, wo alle Sorgen wegwischt. Die Liebi, die ist in die Gestalt von der Juddlä geschlüpft, wo auch im *Garnklungeli* bügelt[789], und stellt ein rotes Kartonschachteli vor dem Fieder auf den Tisch. Und wie der Fieder sieht, was da auf dem Schachteli steht, da gnägget[790] ihm die Hand mit der

[786] bei der Arbeit

[787] Garnknäuelchen

[788] Schere

[789] arbeitet

[790] schnippelt

Schäri gleich ganz wild in der halben Stoffbahn vor ihm herum: »Für meinen besten Freund«! Und im Schachteli, da hat es dann auch noch ein Plastikherz für den Fieder und ein feines Schmöckiwasser[791], und ein rosa Kärtli bekommt er, wo es drauf heisst: »Ich denke immer an dich!«, und auf einem Schlüsselanhänger steht: »Ich habe dich soooo lieb!« Ein Freund-Set. Ein richtiges Freund-Set hat der Fieder da bekommen. Und noch dazu von der Judlä, wo ihn schon länger eine Schöni dünkt, mit ihren grossen Püppi[792] und den blonden Kruseln, auch wenn ihr Gesicht im Moment nur so eine aufgeschwollene Beule ist, wo man nicht recht weiss, wo sind Maul und Augen. Der Fieder zweifelt nicht: Das muss die Liebi sein!

Gut, ein leiser Zweifel, der meldet sich im ersten Moment zwar schon beim Fieder. Weil streng genommen, da hat die Judlä ihr Schachteli ja erst vor den Fieder hingestellt, wo sie damit beim Chüdlä keinen Erfolg hatte, dem versoffenen, glatzköpfigen Muskelsack, wo an der Nähimaschine[793] hockt. Der Chüdlä, der hat ihr Schachteli sofort vom Tisch gefegt, ihr ein Waschen gegeben und sie angeschrien, dass er mit so einer Stinksau sicher nie mehr etwas zu tun haben will. Und dass sie stinkt, die Judlä, damit hat der Chüdlä ja sogar recht. Seit Tagen hat sie die Mundfäule und geht aber trotz ihrem geschwollenen Kopf nicht zum Dok-

---

[791] Parfum

[792] Brüsten

[793] Nähmaschine

ter; ärger als ein Saustall trastet sie aus der Schnurä[794] heraus.

Aber so sehr es den Fieder auch würgt, weil er jetzt den Atem von der Judlä schmöckt, so süss ist doch auch der Inhalt, wo der Atem transportiert. Die Judlä, die wiederholt jetzt nämlich auch noch mündlich die Botschaften aus ihrem Schachteli, bester Freund, soooo lieb etc. Und dazu, da lächelt sie auch so hübsch und tut keck mit den Wimpern klimpern. Oder jedenfalls tun sich so Löcher auf in ihrer geschwollenen Gesichtsbeule, ein riesiges und zwei kleine, wo der Fieder in diesem Sinn deutet. Und irgendwie, da erinnert ihn die Judlä jetzt auch ganz, ganz stark ans Mami. Das Mami, oh, wo noch immer in Münsigen liegt. Und von seinen Medis[795], da ist es ganz aufgeschwemmt im Gesicht. Und da steht für den Fieder endgültig fest: Nie nie nie mehr wird er die Judlä je verlassen.

Tatsächlich klebt der Fieder von da an auf Schritt und Tritt an der Judlä. Das hat mehrere Vorteile für ihn, unter anderem, dass er nicht mehr in sein Wöhnigli[796] im Wohnsilo an der Autobahn muss. Seit gut einem Jahr, da wohnt der Fieder eben nicht mehr in der WG, sondern wieder in einem Wohnsilo. Der Soz, der hat zwar schon gesehen, dass dem Fieder die WG gut tut und dass er noch mindestens fünf Jahre WG bräuchte, bevor man ihn allenfalls wieder in ein eigenmächtiges

---

[794] Maul

[795] Medikamenten

[796] kleine Wohnung

Mietverhältnis entlassen könnte. Aber dem Soz, dem waren da halt auch die Hände gebunden, gesetzlich, weil das kostet ja ein Heidengeld, so ein WG-Platz, und da hat der Soz dann halt die Auflage, dass er Mittellosen nur zwei Jahre WG zahlt. Das war zuwenig, als dass dem Fieder die Kenntnisse im Wohnen, wo er in der WG sammeln konnte, nicht fast sofort wieder abhanden gekommen wären. Insbesondere seiner alten Schwäche, Abfall und dreckige Kleider einfach auf den Boden zu werfen, gab er bald wieder nach, und zwischen den meterhohen Haufen aus Küder und Muckslumpen, wo sich mittlerweile in seinem Wöhnigli stauen, da führt jetzt nur noch ein schmaler Trampelpfad von der Wohnigstür[797] zum Bett. Sogar der füllt sich so langsam; wie der Fieder gestern heimgekommen ist und nur noch aufs Bett plegeren wollte, da klebte ihm, wo er dann beim Bett angelangt war, eine Bratpfanne mit ihrem ranzigen Fettbelag unten am Schuh.

Bei der Judlä hingegen, da ist noch nicht einmal die Kochnische völlig vom Fett verklebt. Vor dem Fernseh stapeln sich keine Küdersäck, man sieht auch wirklich noch den Sender, wo man eingestellt hat, und der Zugang zur Nasszelle ist auch nicht seit Wochen versperrt von einem Berg aus Gratiszeitungen, Essensresten und dreckigem Geschirr. Bald kann die Judlä den Fieder sogar überzeugen, sich die Nasszelle doch auch mal von innen anzuschauen, was wiederum dem Äusseren vom Fieder zugut kommt: Sie schält ihn mit der Schäri aus dem verschwitzten, blutverkrusteten Treener-

[797] Wohnungstür

jäggli[798], wo er den Reissverschluss nicht mehr aufbekommt, hilft ihm aus den Socken, wo ihm vorne bei den Zähien schon zu Herd zerfallen, und steckt ihn in die Sitzbadwanne, wo sie ihm die Zottelmähne stutzt. Und dem Fieder, dem gefällt das sogar. Dem Fieder, dem ist sogar ganz wohl in dem heissen Wasser von der Wanne. Komisch, daheim, in seinem Wöhnigli, wo es nur eine Tuschi hat, da konnte er immer nur mit Grausen an die Tuschi denken. Da wurde er schon affig[799], bevor er überhaupt unter der Tuschi stand, ganz übel im Bauch und ein Nadelfrost auf der Haut. Aber hier bei der Judlä, unter den grossen Püppi von der Judlä, da ist dem Fieder jetzt eben wohl im Wasser. Er pfeift ein lustiges Melodili[800]. Er spielt ein bisschen mit dem Quietschentchen. Um ihn fallen seine Haare. Auch mehrere gelbliche Talgklumpen sind darunter, in der Grössi von einem Hühnerei.

Nach dem Baden gibt die Judlä dem Fieder ein paar von ihren Hudeln, weil man seine küderen[801] muss. Er sieht dann zwar schon wie eine fixfertige Tunte aus, wo er an diesem Abend mit der Judlä in der Abgab erscheint, in knallengen *Miss-Sixty*-Jeans, einem taillierten Lederjäckchen und hochhackigen Stiefeln. Aber wenigstens, findet die Judlä, ist alles frisch gewaschen.

---

[798] Jacke eines Trainingsanzugs

[799] bekam Entzugssymptome

[800] kleine Melodie

[801] wegwerfen

Bald geht die Judlä auf das Betreiben vom Fieder hin dann doch zum Dokter, wegen ihrer Stinkschnurä. Der reisst ihr die ganzen angefaulten Zahnstummeln aus dem Kiefer, aber dafür, da können sie jetzt endlich küssen. Und selbst der Fieder und die Judlä haben in ihrer Kindheit im Kreis der Familie halt zahllose Sonntagabendfilme gesehen, wo nach dem Küssen gleich die Hochzeitsglocken klingeln. Auch sie fangen jetzt gleich vom Hochzeiten zu reden an; die automatische Verbindung, wo sie zwischen den Müntscheni[802] und dem Hochzeiten herstellen, die haben auch mehrere knapp überlebte Überdosen mit Magenauspumpen nicht aus ihren Köpfen herausgekriegt. Und da sehen sie sich auch schon, wie sie aus der Kilche kommen. Der Fieder flott geföhnt im schwarzen Anzug, die Judlä ganz in Weiss. Und wen nehmen wir denn eigentlich als Trauzeugen? Den Schlufi also emel sicher nicht, findet der Fieder. Aber vielleicht den Höhn? Oder müsste das dann der Vormund vom Höhn machen? Jedenfalls fangen sie ein ganz neues Leben an nach der kirchlichen Trauung. Sie haben fast gar keine Abstürze mehr. Sie nehmen fast nur noch das gute Heroin vom Staat. Von den hundertdreissig Fränkli[803], wo sie am Mänti je beim Soz holen können, da kaufen sie zuerst Lebensmittel, und erst dann geben sie noch ein bisschen was aus für Drögs. Aber auch das eigentlich nur noch so hobbymässig; ein bisschen was zu kiffen kaufen sie, ein Schachteli Dormi oder Valium, weil der Fieder sonst so

---

[802] Küssen

[803] Franken

schlecht einschlafen kann, und Ritalin[804], gut, so ein paar Tablettli Ritalin wären natürlich schon noch geil, weil die sind ja viel billiger als Coci, aber auch fast so gut, wenn du sie spritzt, und wirken sogar noch länger.

Und was dünkt dich, Fieder, fragt dann die Judlä, jetzt, wo wir die Hochzeit schon geplant haben und das ganze Leben nach der Hochzeit: Wollen wir das nicht schon ein bisschen vorfeiern?

Drei Wochen später steht ein dünner Strich in der Morgenschwärzi vor einem gruusigen Block. Erst könnte man meinen, der Strich sei ein Gespenstli, weil er so dünn und bleich und knochig ist, aber wenn man dann genauer schaut, da sieht man dann doch, dass er die Züge vom Fieder trägt. Oh, fürchterlich abgemagert ist er ja. Die Hudeln, wo ihm die Judlä geschenkt hat, hangen ganz traurig um sein Gerippe. Vom einen Stiefel hat er den Absatz verloren. Und kalt ist ihm, bitterkalt, der erste Schnee ist eben gefallen. Der Fieder, der lehrt jetzt eben auch die Schattseiten von der Liebi kennen, im Moment gerade die Schattseite, dass ihm die Judlä zwar ein Plastikherz gegeben hat, aber keinen Schlüssel für ihre Wohnig. Wo bleibt sie denn nur, die Judlä? Sie hat doch gesagt, dass sie gleich nachkommt, wenn sie mit dem Bartsepp fertig ist.

Die Judlä, die macht eben den Wackel[805]. Das ist eine andere Schattseite. Und eine, wo den Fieder also noch bedeutend schattiger dünkt als das bisschen War-

---

[804] Medikament gegen Hyperaktivitätsstörungen

[805] geht auf den Strich

ten in der Kälti. Sicher, für die Drei-, Viertausend, wo sie am Wochenendi für Coci durchlassen[806], da haben sie ja gar keine Wahl, da muss die Judlä auf den Wackel. Er kann ja nicht, er ist ja nicht homo. Trotzdem, der Fieder, der mag sich einfach nicht befreunden mit der Vorstellung, dass da täglich zwanzig, dreissig gruusige Typen an seiner Freundin herumfingern. Sie sagt, sie macht's immer nur für einen Zwanziger, von Hand. Aber was war denn da mit dem weissen Volvo letzten Mittwoch? Warum hat der dann so gewackelt? Und warum kam sie dann da mit zweihundertfünfzig Eiern wieder raus?

Gut, es ist schon wahr, eigentlich hat der Fieder ja kaum Grund, eifersüchtig zu sein. Wegen dem Drecksstoff, wo er sich reinlässt, da verweigert sein Maschindli[807] schon seit Jahren den Betrieb. Vier Stunden hat ihm die gute, liebe Judlä ja einen geblasen, in der ersten Nacht. Und das Würmli wurde und wurde aber einfach nicht steif. Und die Judlä hat aber trotzdem immer weiter und weiter geblasen. Auch den Stoff tut sie ja immer schön mit ihm teilen. Oder hat sie jedenfalls, bis sie zu dem Bartsepp stieg, in den grünen Ford. Und selbst wenn sie mal was abzweigt: Wie sollte er ihr auch bös sein können, wo sie ihm doch das Freund-Set geschenkt hat, das einmalige? Wo er ihr Plastikherz doch immer bei sich trägt, im Hosensack? Man darf ja auch nicht vergessen: Die Judlä, die hat eben auch den Käfer. Und zwar in fortgeschrittenem Stadium. Und

---

[806] verbrauchen, verbraten

[807] Maschinchen

das gibt der Liebi zwischen ihnen eben auch noch so einen stark tragischen Hauch, dünkt es den Fieder, dass er weiss, dass sie bald stirbt. Sie sagt, das sei ein Gefühl wie glühige Nadeln im Ranzen, wenn sie aufwacht. Nur deshalb tue sie am Morgen immer so schimpfen und balgen[808] mit ihm, bis sie ihren ersten Schuss hat oder wenigstens ein paar Dormi. Manchmal, da schläft sie ja auch überhaupt nicht, für um diese Schmerzen beim Aufwachen zu vermeiden; da schleppt sie sich dann fünf Tag und Nächt nur zwischen Hodleren und Wackel hin und her.

Es wird jetzt langsam hell. Und dem Fieder ist einfach zu kalt, um noch weiter zu warten. Er trippelt Richtung Bahnhof los, auf seinen ungleichen Absätzen; vielleicht ist die Judlä ja dort noch am Herumhüsteren[809].

Er findet die Judlä dann an der Hodleren. Die Hodlere, das ist so ein kleines Häuschen, wo man drin spritzen kann, darum ist ein Zaun, und hinter dem Zaun, da tun alle diilen. Den Stutz[810] vom Bartsepp hat die Judlä tatsächlich selber schon durchgelassen; sie nimmt gerade eine Bestellung auf, was sie für zwei Gramm Coci alles muggen soll: Matratze, Nähimaschine, Kopfhörer. Wahrscheinlich ist sie auf Dormi, denkt der Fieder, auf Dormi, da überschätzt sie sich immer beim Muggen. »Ja, was meinst du denn, wie sollen wir denn die Mat-

---

[808] zetern

[809] Herumirrlichtern

[810] Knete, Geld

ratze ungesehen an der Kasse vorbeibekommen?«, mischt er sich ein und kann das Ganze dann auf Nähimaschine und Kopfhörer herunterhandeln. Der Fieder und die Judlä in den *Mediamarkt.* Zum Gestell mit den Kopfhörern. Schnell hat die Judlä von einem auch schon das Kleberli abgeknübelt, das Kleberli, wo macht, dass es piepst am Ausgang. Der Fieder stopft sich den Kopfhörer vorne in den Schritt. So komisch auf- und abwogend, weil ihm halt ein Absatz fehlt, stakst er auf den Ausgang zu. Er versucht die Miene von einem Kunden zu machen, wo gesucht hat, aber leider nicht gefunden.

Nur blöd, die Judlä hat ein Kleberli übersehen, es piepst dann doch am Ausgang. Der Verkäufer bedeutet dem Fieder durchs Schaufenster hindurch, er soll nochmal zurückkommen, der Fieder gestikuliert seinerseits so etwas, wo heissen soll, es habe nicht wegen ihm gepiepst. Das frisst der Verkäufer aber nicht. Er kommt Richtung Ausgang. Da heisst es Fersengeld geben.

In den Stiefeln von der Judlä, der eine noch lädiert, ist das freilich schwierig. Beim ersten Schritt, da verliert der Fieder immer fast das Gleichgewicht, beim zweiten knickt ihm die Ferse blöd unten weg. Und die letzten Tage hat er natürlich nichts gefressen, das spürt er jetzt auch gleich; seine Wade dankt es ihm mit einem Krampf schon nach knapp dreissig Metern. Dabei, da kriegt der Verkäufer ausgerechnet jetzt auch noch Verstärkung: Zwei Sekiuriti-Gigeln[811] sind jetzt

[811] Security-Schwänze

noch zusätzlich hinter dem Fieder her. Die haben sogar Gummiknüppel an ihren Gürteln, die Gigel!

Der Fieder, der wirft sich humpelnd und torkelnd noch ein paar weitere Ladenfronten entlang, aber dann knickt er endgültig ein. Er hebt die Flossen. Er hustet und keucht, dass er sich ergeben will.

Die Sekiuriti-Gigeln, die rasen wie in einen Prellbock in ihn hinein. Sofort liegt er auf dem Bauch, der eine Gigel hockt ihm ins Kreuz, dass er kaum mehr japsen kann, der andere schnürt ihm die Hände mit einem Kabelbinder zusammen. Obwohl der das doch gar nicht darf! Wie er wieder etwas zu Atem kommt, schimpft der Fieder wie ein Rohrspatz, dass sie nur Sekiuriti-Gigeln seien und ihm keinen Kabelbinder anlegen[812] dürften, das dürfe nur ein Schmierlatz[813]. Und er tue ja auch kooperieren, und deshalb sollten sie doch etwas freundlich sein mit ihm. Ist denn das zuviel verlangt, ein bisschen eine Freundlichkeit? Das Leben ist doch schon schwer genug! Der Fieder, der grännet dann auch ein bisschen. Zweihundert Franken Puss[814] bekommt er aufgebrummt. Er hat jetzt Hausverbot im *Mediamarkt.*

Immerhin, während dem ganzen Trubel mit dem Fieder, da hat die Judlä, wo im *Mediamarkt* schon achtmal Hausverbot bekam, ungestört die Nähimaschine

---

[812] anziehen

[813] Polizist, Bulle

[814] Busse

abzügeln[815] können. Das hat der Fieder ja gar nicht gewusst, dass die auch Nähimaschinen führen, das ist ja wirklich ein Superladen, der *Mediamarkt*, das Hausverbot tut ihm schon ein bisschen weh. Aber wenigstens haben sie jetzt schon mal eine gute Ausgangslage für den heutigen Absturz, und die Judlä, die will die Ausgangslage sogar noch etwas verbessern. Sie lässt den Fieder mit der Nähimaschine in ihrer Wohnig zurück und geht los zum Freier-Linggen[816].

Eine halbe Stunde später hört der Fieder ein Motorbrummen vor dem Block. Er geht ans Fensterli, und da kann er jetzt gleich mitverfolgen, ob der Judlä das Linggen vom Freier auch gelingt. Ein dunkler BMW steht unten vor dem Eingang. Die Judlä steigt aus. Aber nur die Judlä steigt aus. Das ist schon mal ein gutes Zeichen. Puuh, wenn der Typ jetzt auch noch ausgestiegen wäre! Da hätte der Fieder ja wieder in den Schrank gemusst und sich dann das ganze Gestöhne anhören! Aber nein, der Typ, der bleibt im BMW. Zum Glück. Und perfekt, der Löu, der fährt auch nicht weg, wo die Judlä beim Eingang verschwindet!

Was für ein Arsch. Die Judlä, die verzellt den Typen alben, sie müsse hier schnell noch was erledigen, brauche aber schon das Geld. Und wenn die nur doof genug sind, dann geben die ihr auch das Geld. Der Mazda vorgestern, der hat ihr zum Beispiel Dreihundert gegeben. Und einem Rönoo-Tschiip, da hat sie auch schon einmal Dreihunderfünfzig abgeknöpft. Aber der

---

[815] abstauben

[816] Freier-Reinlegen

BMW, der schlägt sie jetzt doch noch alle, das ist ja überhaupt der oberdöfste bisher, lachen der Fieder und die Judlä dann, wo die Judlä zur Wohnigstür reinkommt: Ganze fünfhundert Eier hat der ihr gegeben, ohne zu wissen, wo sie wohnt oder wie sie heisst!

Der Fieder und die Judlä, die warten jetzt einfach oben am Fensterli, bis der BMW unten am Eingang nicht mehr warten mag. Aber er ist eine harte Nuss. Noch nach einer Stunde steht er da. Was wollte er denn eigentlich? Nur so ein bisschen Stiefellecken wie der blaue Nissan? Oder so gruusig auf dem WC wie der grüne Golf? Die Judlä, die will nicht so recht damit rausrücken. Es geht offenbar mehr in die Richtung von dem kranken, gelben Fiat, der Sau, wo die Judlä für Vierhundert einsteigt auf dem Wackel, und dann wirft er sie unten an der Aare wieder raus, grün und blau geprügelt, ohne die Vierhundert, und den Zwanziger, wo sie im Sack[817] hat, den nimmt er ihr auch noch gleich ab. Erst nach geschlagenen zwei Stunden, da zieht der BMW, dieser Sado, dann doch endlich den Schwanz ein. Zur Sicherheit warten die Judlä und der Fieder noch ein Weilchen, bevor sie an die Hodleren flitzen. Es wäre ja nicht das erste Mal, dass sie um den Ecken biegen – und dann liegt der Karren[818] dort noch auf der Lauer.

Aber der abartige BMW, der hat sie dann doch nirgends mehr bedroht auf ihrem Weg zur Hodleren.

[817] in der Tasche

[818] Wagen

Und jetzt, wo sie zurückkommen, jetzt haben sie also richtig bündig[819] viel Stoff, eine schöne volle Handvoll Cola-Kügeli[820] leeren sie da auf dem Tischli vor dem Fernseh aus. Mmh, und gut ist der Stoff auch, nicht einfach so der übliche Gassendreck; ich fühl mich grad wie Dolly Buster und Angela Merkel auf einmal, judelt die Jodlä.

Der Fieder seinerseits, der wäre ja schon froh, würde er sich innerlich öppen wie die schweizerische Volkswirtschaftsministerin vorkommen. Aber selbst dieses bescheidene Ziel ist ihm im Moment noch verbaut, weil während die Judlä jetzt schon ihr drittes Bömbeli[821] übertut[822] in dem angeschwärzten Löffel, da hat der Fieder noch nicht einmal ein erstes in sich zur Explosion bringen können. Das schleudert ihn vom Gefühl her natürlich alles andere als an die Spitze vom eidgenössischen Volkswirtschaftsdepartement. Hurensiech[823], er kann das Bömbeli einfach nicht platzieren! Die Handrücken, die hat er sich schon bis zur Armbeugi hinauf verstochen, so dass sie blüten wie frisch vom Dornbusch, aber eine Vene vertwütscht er dabei trotzdem nie. Rollvenen, sagt der Dokter in der Abgab, wo ihm das Heroin deshalb in den Füdlenmuskel

[819] toll

[820] Kokain-Kügelchen

[821] kleine Bombe

[822] anrichtet, zubereitet

[823] Fluchwort

sprützt, so dass es dann natürlich nicht schön auf einen Klapf[824] einfährt.

Zum Glück hat der Fieder aber auch noch einen Fuss, wo er mit der Nadel darin herumgoren[825] kann. Er muss denn auch fest goren, weil zunächst tut sich auch im Fuss nichts, ausser dass viel Blut fliesst; es ist fast ein bisschen wie in einer Märtyrerlegende. Aber der Fieder, der will es dem Döktu aus der Abgab jetzt eben unbedingt zeigen mit seinen Rollvenen, dass das eine völlige Fehldiagnose ist. Und bingo! Wer sagt's denn, kaum hat er sich mit der Fixe hochgearbeitet von der Ferse bis zum kleinen Zeh, da klappt es ja dann auch schon: Endlich spritzt es oben in die Pumpi, das kleine Blutfädeli, wenn er hinten den Stösel[826] ein bisschen rauszieht aus der Kanüle! Er braucht jetzt nur noch zu drücken. Er tut jetzt nur noch drücken. Er sieht sich direkt schon so in einem Büro, mit Arbeitslosenstatistiken und Bauernpolitik befasst.

Oft ist es ja so, dass es kleine Dinge sind, wo eine wünschbare Entwicklung in einem Mönschen dann doch noch abverrecken[827] lassen. Im Fall vom Fieder, da ist es eine verstopfte Nadel, wo an der seine abrupte Erhöhung in den Bundesrat scheitert. Zum Glück hat es in einem Joghurtbecherli auf dem Tisch noch weitere Nadeln, insgesamt sechs; da muss er wenigstens

---

[824] auf einen Schlag

[825] herumstochern

[826] Kolben

[827] missraten

nicht noch einmal an die Hodleren tschumpeln[828]. Du Judlä, welche Nadel hast du jetzt nur schon wieder gebraucht, fragt der Fieder. Die erste, sagt die Judlä, wo in ihrem Innern drin gerade zur Päpstin ausgerufen wird. Der Fieder weiss natürlich nicht genau, welche sie meint, weil die Nadeln, die stehen ja alle im Kreis. Er macht dann halt einfach ene, mene, mu und nimmt dann aber, aus einer vagen Erinnerung heraus, doch die Nadel daneben, aber auch das bringt ihm kein Glück: Jetzt trifft er die Vene natürlich auch schon wieder nicht mehr, vornen im kleinen Zeh.

Die Judlä, die ist unterdessen Königin der Welt. Ihr Körper ist die Erdkugel, und ihre Untertanen, die tun ihr gerade eine Mega-Rakete bauen, damit sie auch den weiteren Weltraum noch erobern kann. Da wendet sich so ein Trabant an sie, eigentlich nur ein Staubkorn, und bettelt sie an, sie solle ihm doch einen Halsknall machen. Die Judlä, die muss jetzt grad die erste Stufe von ihrer Rakete zünden, da braucht sie natürlich zuerst noch für sich selber ein Bömbeli, von wegen der nötigen, ungeheuren Energie. Aber dann, dann tut sie sich doch dann erbarmen. Es ist ja auch zum Herzerweichen, wie das Staubkorn vor ihr priegget und grännet und ihr dann auch noch die Füsse küsst.

Das Staubkorn ist natürlich der Fieder; die Judlä, die werkt jetzt an seinem Hals. Sie würgt ihn erst ein bisschen, damit die Vene vorsteht, dann sticht sie auch schon zu. Ah, und wie jetzt das gute Gift endlich he-

[828] latschen

reinrinnt in sein Geäder, da sieht er das wunderschöne Gesicht von der Judlä ganz nah. Fast gar nicht mehr geschwollen ist es, von wegen der Mundfäule. Glatt und eben liegt es blond vor ihm da, das heisst mit Ausnahme von dem Gewabbel um die Schnurä, weil sie dort halt fast keine Zähne mehr drin hat. Aber ihre Augen. Ihre rotgeäderten, tiefblauen Augen. Das sind gar keine Augen, sondern Tore zu einem ganz eigenen Universum sind das, kommt es dem Fieder gerade vor, während ihm die Herzpumpi immer schneller rast und es ihm knallt und dröhnt im Kopf oben. Und er verwandelt sich dann zwar schon noch kurz in die Frau Volkswirtschaftsministerin, aber da schiesst er wie an eine Dongfeng-Rakete gebunden auch schon aus dem Bundesratsbüro himmelwärts, in das eine Auge von der Judlä hinein, wo er sich im inneren Weltraum von der Judlä dann einfach verliert, jenseits von allen Monden und Sternnebeln. Das ist vielleicht nicht unbedingt ein gutes Zeichen.

Tatü-tata! Wie der Fieder wieder zu sich kommt, da liegt er hinten auf dem Schragen von einer Ambulanz mit Blaulicht. Er hat so eine Sauerstoffmaske auf, und die Judlä ist auch da. Sie beugt sich über ihn und sagt, nach dem Halsknall, da sei er so blau angeloffen und habe Schaum vor dem Maul bekommen. Jetzt redet sie mit dem Fahrer von der Ambulanz; er soll sie dann beim Schänzli[829] oben absetzen. Was will sie denn jetzt schon wieder auf dem Wackel? Sind denn die Kügeli

[829] Kleine Schanze in Bern, Drogenstrich

auf dem Fernsehtischli, ist sie mit denen denn schon durch?

Nach dem Magenauspumpen ist dem Fieder noch stundenlang schlecht. Er liegt allein und verkrümmt in einem dunklen Sechsbett-Zimmer, ihm ist, als hätten sie ihm mit dem guten, aber zuvielen Gift auch gleich noch das Mark aus den Knochen gesaugt. Immer wieder sackt ihm auch das Bewusstsein weg. Trotzdem kommt schon bald eine Schwester, wo sagt, er muss weg; sein Bett müsse frei sein für richtige Notfälle. Uh, aber das kommt dem Fieder jetzt also schon ein bisschen stotzig, ihm ist ja noch immer trümmlig[830], wenn er sich nur im Bett aufhockt. Kann er nicht wenigstens noch ein paar Stunden schlafen? Es ist ja jetzt auch Drüü[831] in der Nacht, wie er am Wecker auf dem Nachttischli sieht, am Sechsi, da hätte er dann wenigstens einen Böss.

Aber die Schwester, das ist so eine Piesse mit Rossschwanz und Haar auf den Zähn, die lässt sich vom Fieder nicht erweichen. Es beeindruckt sie auch überhaupt nicht, dass er erst einmal lang hinschlägt, nachdem er sich mühsam vom Bett runtergewuchtet hat. Wohl oder übel, und das heisst eben übel, muss er sich jetzt wieder in die dreckstarrenden *Miss-Sixty*-Hosen zwängen. Mann, hätte er auch nur das kleinste Gefräss[832] noch im Magen, er täte ja seiner Lebzeit nur

---

[830] schwindlig

[831] drei Uhr

[832] Essen (abschätzig)

noch bogenhusten[833]. Die Stiefel von der Judlä, die legt er noch gar nicht an, weil alles noch so gummig ist unterhalb vom Knöi. Er muss dann so wie von Bettrahmen zu Bettrahmen krücknen, damit er der Tür langsam näher kommt.

Auf dem Gang draussen kann er sich nirgendwo mehr festklammern. Die Unterschenkel, die flattern ihm wild hin und her; er schafft gerade mal zwei, drei tapsige Schritte, bevor es ihn wieder zu Boden schnetzelt. Er schnaagget dann halt erst einmal ein Stückchen auf allen Vieren. Bei einem Küderkübel[834], kurz vor dem Ausgang, versucht er sich wieder aufzurichten, da kommen zwei Pfleger mit einem Schragen. He, das ist ja die Judlä, da auf dem Schragen! Der BMW, der war dann eben auch noch einmal auf dem Wackel.

Ein paar Wochen später ist der Fieder beim Dokter. Der Dokter sagt, dass er jetzt auch den Käfer hat. Im ersten Moment dünkt es den Fieder da schon, sein Leben sei völlig abverheit. Die Judlä hält seine Hand. Sie sagt, sie ist für ihn da. Und eigentlich, findet sie, bräuchte er doch jetzt auch einmal neue Hosen.

Die Judlä wirft zwei, drei Dormi ein. Mit dem Fieder im Schlepptau geht es auf den Kehr[835] die Marktgass dürab[836]. Die Judlä, die greift einfach ab, was da vor den Läden steht: Finken, Filzstifte, Katzenstreu.

---

[833] erbrechen

[834] Abfalleimer

[835] Rundgang

[836] hinunter

Was will sie denn mit Katzenstreu? Sie ist schon dermassen beladen mit Zeug, sie kann die neuen Hosen für den Fieder dann gar nicht mehr nehmen, wo sie sie vor dem *Blue Dog* sieht. Der Fieder, der muss sie selber vom Drehgestell nehmen und hängt sie sich über den Arm. Das sieht die Verkäuferin vom *Vero Moda* nebenan.

Die Verkäuferin vom *Vero Moda* heisst nicht nur so, sie sieht auch so aus. Sie stöckelt auf den Fieder zu, päckelt[837] ihn am Oberarm und schleift das verhutzelte, eingefallene Männdi mit sich in den *Blue Dog* hinein, wo sie aufgeregt »Füürio[838]! Füürio!« ruft. Der Fieder, der versucht gar nicht erst zu leugnen, dass er die Hosen genommen hat. Schnell hinter sich bringen, das Zeug, er will jetzt dann sein Coci. Schnell wird er auch nervös, wegen dem Coci. Die sollen doch jetzt dann öppen ein bisschen machen, die Schmierlätz. Nach zwanzig Minuten ruft er die Schmier[839] selber nochmal an, mit dem Händi: »Ja, Kleinjenni. Eh, ihr söttet[840] dann jetzt öppen ein bisschen machen, ich bin hier im *Bluu Dog* und habe gestohlen.« Die Verkäuferin vom *Blue Dog*, die hat das ja noch nie erlebt, dass ein Dieb selber der Polizei anruft. Der Fieder, der verzellt dann auch ein bisschen, vom Schlufi, vom Mami und vom Käfer und so. Ihm kommt da nicht mehr das Augenwasser, dafür heult die Verkäuferin. Sie will dann auch

---

[837] packt

[838] Feuerruf

[839] Polente

[840] solltet

gar keine Anzeige erstatten, wo endlich zwei Grenädeln[841] kommen. Sie gibt dem Fieder sogar noch einen Gutschein für zehn Franken.

---

[841] Grenadiere

Ein schäbiges Grebt[842]

Bis in den April fällt der Fieder vollends vom Fleisch. Er ist nur noch schrumplige Haut über einem Knochengerippi, sein Blick ist hohl und grau – die Judlä, die muss mängist[843] laut herausgrännen, wenn sie ihn nur anlugen tut. Sie geht jetzt viel allein auf die Coci-Jagd, bringt ihm dann etwas mit. Er liegt nur noch im Näscht. Der eine Füssu geschwollen, aus der linken Niere wächst ihm ein Eitersack. Ein paar Stund lang krümmt er sich jeden Tag vor Schmerz, dann fällt er in Schwärzi und Vergessen.

Endlich bringt ihn die Judlä doch noch ins Spital. Der Fieder, der bekommt wenig davon mit. Immerhin, er merkt, er hat da so einen Knopf in der Hand, da kann er all zwei Minuten Morph reinlassen[844]. Da ist ihm dann, für ein paar Sekunden, schön wohlig, schön warm. Ein sanftes, rötliches Schimmern sieht er; die Schläuch, in die Nase, in die Arme, in das Maul, die versorgen ihn mit allem, was er noch braucht. Sogar so ein leises Sürelen meint er zu hören, ein ganz ein feines, wie früher vom Öfeli; wahrscheinlich die Herz-Lungen-Maschine.

Am 1. Mai schiffet es wie aus Kübeln, wie schon die Tag davor. Der Schlufi kommt fast zu spät auf das

---

[842] hier: Begräbnis

[843] manchmal

[844] sich Morphium spritzen

kleine Friedhöfli ausser Bern. Eh ja, der Kirrel über die Ufer, gestern das Grundbrüggli bachab; die Füürwehr, die musste erst einen Pontonier-Steg[845] legen, für dass er überhaupt wieder auf die Strass dürenkam[846]. »Und dann der Gemeinspräsi[847], der Löu!«, brummelt er, wo er das Puch Maxi vor der Leichenhalle abstellt. »Anstatt dass der Sandsäck bringt, da meint er nur blöd: Auszonen! Den Grund aus der Wohnzone auszonen! – Das ist doch einfach verruckt[848]! Wo soll ich denn dann hin?«

Die andern stehen unter dem Vordach beim Sargwägeli. Es sei nicht das Käferli gewesen, sagt die Judlä. Aus dem Eitersack habe sich ein Blutgerinnsel gelöst, sei in der Lunge steckengeblieben. Da hat es den Schlufi schon grad hart[849], wo er das hört. Das Mami piestet, der Höhn murmelt etwas vom Uaa-Kum-Kraa. »Wenigstens habe ich es durchgebracht, dass er ein eigetes Grebli[850] bekommt«, wischt sich die Judlä eine Träne aus den Augen. »Der Soz, der wollte ihn zuerst nur verbrönnen und ins Gemeinschaftsgrab ausschütten.«

Dafür, da bleibt dann aber die Kilche zu, weil das dem Soz zu teuer war. Andacht ist in der Leichenhalle. Die Frau Pfarrerin, wo die Andacht macht, redet von

845 Pontonbrücke

846 herüberkam

847 Gemeindepräsident

848 verrückt

849 fällt ihm schwer

850 kleines Grab

einem Fridolin. Sie sagt, wo der Fridolin jetzt sei, habe er es sicher besser. Gerne hätte die Judlä ja noch das Lieblingslied vom Fieder abgespielt, *Uad ä uandrful Uörld.* Aber angeblich hat die kleine Kirchgemeinde ausser Bern eben leider keinen CD-Pleier; die Frau Pfarrerin, die meinte am Telefon, die Judlä solle das Lied doch vorsingen.

So muss der Fieder halt ohne Musig in den aufgeweichten Boden.

Für die Unterstützung dankt der Autor Stadt und Kanton Bern, dem Literarischen Colloquium Berlin, dem Netzwerk europäischer Literaturinstitutionen *Halma*, der schweizerischen Kulturstiftung Pro Helvetia, dem Logvinov-Verlag in Minsk, dem Estnischen Schriftstellerverband und dem Thomas-Mann-Kulturzentrum in Nida, Litauen. Ein besonderer Dank gebührt Marion Suter, Alaksandra Dynko, Peter Reichen, Carol Ramiro†, Doris Reichen, Martin Reichen, Yahya Elsaghe und dem Kater Höpfi.

Die Edition dankt

Kultur
Stadt Bern

Burgergemeinde
Bern

SWISSLOS
Kultur
Kanton Bern

Roland Reichen (*1974) kommt aus Spiez im Berner Oberland. In einer Arbeiterfamilie aufgewachsen, studierte er Deutsch und Geschichte an der Universität Bern. Derzeit ist er wissenschaftlicher Mitarbeiter der historisch-kritischen Jeremias-Gotthelf-Edition. Er begann im Sommer 1998 zu schreiben, als er eine längere Reise antreten wollte, dann aber Pfeiffersches Drüsenfieber bekam. Nach der Publikation einiger Kurzgeschichten erschien 2006 sein erster Roman *aufgrochsen*. 2008 erhielt er einen Werkbeitrag der Stadt Bern, einen Projektbeitrag des Kantons Bern und ein Aufenthaltsstipendium am Literarischen Colloquium Berlin. 2009 weilte er im Rahmen eines *Halma*-Aufenthaltsstipendiums in Minsk, Käsmu (Estland) und Nida (Litauen).

edition taberna kritika
Neuerscheinungen 2013-

etkobject
substanz
ISBN 978-3-905846-27-0

Jutta Pivecka
Punk Pygmalion
ISBN: 978-3-905846-26-3

James Joyce
Giacomo Joyce
ISBN 978-3-905846-25-6

Hartmut Abendschein
Schellendiskursli / Schellenexkursli
ISBN 978-3-905846-24-9

Giuseppe Ungaretti
Süditalienische Reise
ISBN 978-3-905846-23-2

Bücher können über den Buchhandel oder direkt beim Verlag bestellt werden. Ausführliche Informationen über unsere Neuerscheinungen und das Gesamtprogramm finden Sie im Internet unter http://www.etkbooks.com

edition taberna kritika
Gutenbergstrasse 47
CH - 3011 Bern
Tel.: +41 (0) 33 534 9 308
info@etkbooks.com | http://www.etkbooks.com